Hanne Jahr

Tiere · Menschen · Engel

Diese Geschöpfe,
die unser Leben teilen

Diese Geschöpfe, die unser Leben teilen,
die uns nachsehen mit ihrem weisen Blick,
die stille durch die Stunden tappen,
und deren Vertrauen uns behutsam zähmt,
woher kommen sie?

Diese Geschöpfe, die der Zeit
durch die Maschen schlüpfen,
die uns die Erhabenheit
ihrer stillen Sprache lehren,
die uns mit einem Blick durchdringen,
wohin gehen sie?

Stephanie Sorell

Hanne Jahr

TIERE MENSCHEN ENGEL

Wie alles *Leben*
in *Liebe* verbunden ist

Mit Illustrationen der Autorin

Aus dem Englischen übersetzt
von Astrid Ogbeiwi

Aquamarin Verlag

Titel der Originalausgabe: *The Soul Life of Animals—Love, Consciousness and the Animal-Human Relationship*

Published by Polair Publishing
6 Belmont Close • Cockforsters • EN4 9LS • England

Deutsche Ausgabe:
1. Auflage 2021

Voglherd 1
85567 Grafing
www.aquamarin-verlag.de

Übersetzung aus dem Englischen: Astrid Ogbeiwi

Illustrationen von der Autorin
Umschlaggestaltung: Annette Wagner

Druck: CPI • Birkach

ISBN 978-3-89427-881-6

Inhalt

Zum Gedenken an Oliver, den Whippet, und all die anderen Tierwesen, die mein Leben im Laufe der Jahre beehrt und dazu beigetragen haben, dass mein Herz offen blieb.

Vorwort

von Jenny Dent

Für mich ist dies ein faszinierendes Buch voller Sachinformationen und Forschungsergebnisse über viele verschiedene Tierarten, einschließlich der Meereslebewesen und der Vögel, aber es hat insofern eine ganz besondere Dimension, als es auch den spirituellen Aspekt ihres Lebens sowie unsere Chance als Menschen anspricht, mit der gesamten natürlichen Welt in Respekt und Harmonie zusammenzuleben.

Als ich das Manuskript zur Durchsicht erhielt, fühlte ich mich sofort zu den Kapiteln mit der Überschrift „Tiere und Engel“ und „Leben Tiere nach dem Tod weiter?“ hingezogen. Ich bin mit dem Glauben an Engel aufgewachsen und habe schon in der Kindheit von ihrer engen Verbindung zur Tierwelt erfahren. Im Alter von sechs Jahren habe ich beim Verlust eines „Familienmitglieds“, unserer geliebten Hündin Sally, zum ersten Mal tiefe Trauer erlebt. Nie werde ich den Schmerz jenes Augenblicks vergessen, in dem ich begriff, dass ihr Körper gestorben war; aber meine Eltern wussten, dass geliebte Haustiere weiterleben, und haben mir von der Vision erzählt, die sie im Moment ihres Hinscheidens erfahren hatten.

Sie hatten gesehen, dass Sally von einem schönen Engel umsorgt wurde, und dann war mein Großvater (ein Bauer aus

Yorkshire) erschienen mit seinem geliebten Schäferhund an seiner Seite. Er pfiff nach Sally, und mit einem Satz sprang sie aus ihrem sterbenden Körper heraus, stiebte fröhlich schwanzwedelnd davon und folgte ihm ins „Sommerland". So, hatte man mir beigebracht, hieß die himmlische Welt, die wir nach dem Tod unseres physischen Körpers bewohnen. Als meine Eltern mir von ihrer Vision erzählten, konnte ich diese Bilder und auch den Engel deutlich vor mir sehen. Die Gewissheit, dass das Leben unserer Haustiere weitergeht und die Engelwelt für sie sorgt, die mir dieses Erlebnis schenkte, hat mich nie verlassen.

Hanne schreibt außerdem über Reinkarnation und ihre eigenen Erfahrungen mit Haustieren, die wiederkommen. Auch in meiner Familie waren wir uns sicher, dass so etwas geschehen ist. Meine innig geliebte Dalmatinerhündin Mandy kam als die Hündin Jemina meiner Tochter wieder – im Körper einer deutschen Schäferhündin, aber ich wusste, dass es Mandy war. Vielleicht fragen Sie sich, woher ich das wusste. Es ist ganz ähnlich wie das Gefühl des Wiedererkennens und der Vertrautheit bei der Begegnung mit einem menschlichen Freund, den man aus einem früheren Leben kennt – vielleicht ein „inneres Wissen".

Ich habe das Glück, mit den Lehren von White Eagle und inmitten des Wirkens der White Eagle Loge aufgewachsen zu sein, die meine Großmutter Grace Cooke gegründet hat. Hanne ist meine langjährige Freundin und Kollegin als Lichtarbeiterin zur Heilung der Welt und der Tiere, und ich freue mich, dass ich Gelegenheit bekomme, dieses Vorwort zu schreiben und ihr hinreißendes Buch allen zu empfehlen, die Tiere lieben.

Jenny Dent
Leiterin der White Eagle Loge

Einführung

„Angst ist einer der wichtigsten Eckpfeiler
des karmischen Zustands. Sie zeugt
vom Misstrauen gegenüber der ewigen Liebe."

Diese Worte stammen von dem weisen Lehrer Emmanuel, dessen Lehren durch Pat Rodegast übermittelt wurden. Wir sind es gewohnt, Hass als Gegensatz zur Liebe zu verstehen. Sehr viele Lehrer lassen allerdings ebenfalls Emmanuels Überzeugung anklingen, wonach ***Angst*** das grundlegende Gefühl ist, das uns am Lieben hindert. Weiter sagt Emmanuel über die Angst, sie sei „ein Unglaube an dich selbst. Sie ist eine Perversion von Wahrheit und Licht und Liebe, und genau darum geht es in eurer Welt – um die Heilung der extremen Verzerrungen von Wahrheit und Licht und Liebe."

Persönlich bin ich davon überzeugt, dass ***Angst*** und ***Liebe*** die beiden wichtigsten motivierenden Kräfte im Leben sind. Wenn dem so ist, dann verstehen wir vielleicht, warum die Weisen, die Meister, lehren, dass Liebe der Schlüssel, dass Liebe der Weg ist und sie alle Wesen mit dem gleichen unendlichen Mitgefühl betrachten – weil sie die Angst erkennen, die allem sogenannten „bösen" Tun zugrunde liegt. Ich bin keineswegs der Meinung, dass wir hasserfüllte oder grausame Aktionen oder Taten akzeptieren oder billigen sollten. Ebenso wenig sollten wir Angst als unerwünschtes Gefühl betrachten, sondern anerkennen, wo sie am Platz ist – wenn sie uns zum Beispiel vor Gefahr warnt. Wenn wir ihre Natur und ihren Platz kennen, können wir wissen, wann wir dem Leben vertrauen, wann wir offen sein und lieben können. Der geistige Lehrer White Eagle erinnert uns daran, dass wir vor nichts Angst zu haben brauchen außer vor der Angst selbst. Emmanuel bittet uns, die Angst als eine Kraft zu erkennen, die „nicht so stark ist wie die Macht der Liebe".

Veränderung zum Beispiel ist etwas, was üblicherweise starke emotionale Reaktionen auslöst – viele davon eindeutig in der Angst begründet, etwa Gefühle des Kontrollverlusts, der Verlustangst, des Verlusts von Sicherheit oder Ansehen, Angst davor, unsere Gewohnheiten ändern zu müssen, Angst vor dem Unbekannten, Angst vor der Verurteilung durch andere, Angst vor belastender Arbeit. Ich könnte endlos fortfahren!

Dieses Buch soll anstelle der Angst etwas von der Liebe in unser Bewusstsein eindringen lassen, wobei die Tiere im Mittelpunkt stehen. Ich schreibe über den Grad ihres Bewusstseins und darüber, wie sie in einer spirituellen Partnerschaft zu uns stehen. Den Aufbau des Buches werde ich in Kürze erklären, doch schauen wir uns zunächst einmal an, wie Gesellschaften sich verändern, denn dies könnte uns Hoffnung machen.

In unserem persönlichen Leben und in der Gesellschaft haben wir in den letzten dreihundert Jahren viele Veränderungen durchlaufen, die sich nicht nur auf den Einzelnen, sondern auf die gesamte Gesellschaft und ganze Ethnien ausgewirkt haben. Allerdings hat sich auch die Angst vor Veränderung vielfach auf außergewöhnliche Weise gezeigt. Zum Beispiel musste 1879 erst durch Gerichtsentscheid (im Fall Standing Bear gegen Cook) festgestellt werden, dass ein „Indianer" – ein amerikanischer Ureinwohner – eine „Person" im Sinne des „Habeas-Corpus-Rechts" ist. Leider wurde dies schon bald wieder ignoriert – zum Schaden der amerikanischen Ureinwohner und der weißen Einwanderer. Obwohl sie nicht als Person behandelt wurden, wusste doch jeder amerikanische Ureinwohner und jede amerikanische Ureinwohnerin, dass er oder sie eine Person *ist*, da bin ich mir ganz sicher. Hätte man sich allerdings an dieses Urteil gehalten, wäre sehr viel Leid, das man den amerikanischen Ureinwohnern angetan hat, verhindert worden. Aber natürlich hätte dies dazu geführt, dass weiße Menschen ihre Einstellung gegenüber anderen Ethnien hätten ändern müssen – was wiederum eine Verhaltensänderung erfordert hätte.

Obwohl mein Heimatland Norwegen als eines der ersten Länder das Frauenwahlrecht einführte (1901 bei Kommunalwahlen sowie 1913 bei allen Wahlen) und eine lange Tradition starker Frauen hat, löste die Debatte im Vorfeld der Einführung dieses Rechts bei Männern große Ängste aus. So betonte zum Beispiel Bischof Johan Christian Heuch, ein entscheidener Gegner des Frauenwahlrechts, nicht nur die Unterlegenheit der Frauen gegenüber Männern, sondern er behauptete, wenn Frauen sich mit Politik befassten, würden sie unfruchtbar und degenerierten zu einer Art neutralem Geschlecht. 1890 sagte er in einer Debatte im Norwegischen Parlament: „Sie kann die Arbeit eines Mannes nicht tun, und wenn sie die Arbeit eines Mannes tut, was wird sie dann? Sie wird eine verunstaltete Missgeburt, eine Monstrosität, sie wird zum Neutrum." Für ihn war das Frauenwahlrecht daher eindeutig ein Verstoß gegen die Gesetze Gottes. Zum Glück hat die Geschichte ihn widerlegt, denn in meinem Heimatland bekommen die Frauen immer noch Kinder! Aber es ist interessant zu beobachten, dass die Angst in einem Menschen alle möglichen Visionen und Vorstellungen auslösen kann. Vielleicht müssen wir alle auch bei uns selbst darauf achten!

Dies sind nur zwei von vielen Beispielen, die zu der Frage hinführen sollen, wo wir heute im Hinblick auf den Status von Tieren in unserer Gesellschaft stehen. Wie wir gesehen haben, ändern sich mit der Gesetzgebung eines Landes nicht unbedingt über Nacht auch die Einstellungen, aber häufig ist dies der Beginn einer Veränderung, die einen anbrechenden Bewusstseinswandel in der Bevölkerung widerspiegelt. Einstellungen und gesetzliche Rechte sind natürlich nicht unbedingt ein Spiegel der Wahrheit. Das Recht eines Landes ist menschengemacht. Die Wahrheit bleibt zwar in beiden Fällen sowohl vor als auch nach der Gesetzesänderung dieselbe, doch eine Gesetzesänderung ist oft Spiegel eines wachsenden Bewusstseins für eine Situation in einer Gesellschaft, für die es an der Zeit ist – und so kommen wir zur Stellung von Tieren in unserer Gesellschaft.

Die offizielle Debatte dreht sich bis heute darum, ob Tiere empfindende Wesen sind, ob sie fühlen können. Ob Tiere eine Seele oder Individualität besitzen, steht bisher für die Politik nicht auf der Tagesordnung. Die Europäische Union ist allerdings endlich zu dem Schluss gelangt, dass Tiere empfindende Wesen *sind* – was ihnen einige Rechte verleiht. Die Tiere selbst haben natürlich immer schon gewusst, dass sie fühlen können, und ich glaube, die meisten Menschen, die Tiere halten, wissen dies ebenfalls, auch wenn einige es offenbar ignorieren! Außerdem glaube ich, dass die meisten Menschen, die Haustiere halten, wissen, dass sie darüber hinaus über Individualität verfügen. Dies kann ein stark emotional behaftetes Thema sein, weil es Auswirkungen darauf hat, wie wir Tiere behandeln müssen, sowohl in rechtlicher als auch in ethischer Hinsicht – was wiederum deutliche Folgen für den Lebensstil vieler Menschen und die Gesellschaft als Ganzes haben wird. Für mich ergibt sich daraus die Frage, ob Tiere eine Seele haben.

Mit Ausnahme vielleicht buddhistischer Gesellschaften lautet bisher der Konsens in den meisten Kulturen, dass die Tiere für uns da sind – als Nahrung, Kleidung, Heilmittel und Ähnliches. Darauf beruht die Überzeugung, dass Tiere kaum oder gar keinen Eigenwert haben. Diese Einstellung bedeutet, dass die Gesellschaft und sehr viele Menschen sich keinerlei Gedanken machen oder aber darüber hinwegsehen, wie Tiere behandelt werden, solange ihnen die Grausamkeit nicht „in die Augen sticht".

Die gute Nachricht ist, dass das Tierwohl heute in den Medien stärker ins Blickfeld rückt – insbesondere im Vereinigten Königreich. Es ist zu hoffen, dass die Gesetzgebung dem zunehmend Rechnung trägt. Mit großer Freude kann ich berichten, dass Grausamkeit gegenüber Tieren und Misshandlung von Tieren in meinem Heimatland Norwegen inzwischen eine Straftat ist.

In diesem Buch möchte ich erkunden, was einige unserer spirituellen Lehrer über die Rolle und die Stellung von Tieren in der Entwicklung des Lebens auf Erden gesagt haben und in welchem Bezug dies zur Menschenwelt und unserer Evolution steht. Darüber hinaus werde ich auch auf meine eigenen Erfahrungen und Erkenntnisse sowie auf die anderer zurückgreifen. Mein Beweggrund ist eine aufrichtige Liebe zu Tieren, Hochachtung vor ihnen und Begeisterung für sie sowie die Überzeugung, dass wir, wenn wir den Platz der Tiere in der Evolution des Lebens wirklich verstehen würden, ganz von selbst wüssten, wie wir sie zu behandeln haben.

Die spirituellen Lehrer, auf die ich mich in diesem Buch insbesondere stütze, sind der „Tibeter" oder „Meister DK" in den Schriften von Alice Bailey, White Eagles Lehren in der medialen Vermittlung durch Grace Cooke, Rudolf Steiner, der Begründer der Anthroposophie, und Flower A. Newhouse, die medial begabte Mystikerin und Begründerin des Questhaven Retreat Center in Südkalifornien, sowie außerdem Dr. Lascelles‘ Lehren, wie sie Mr. C. A. Simpson empfangen hat. Ich zitiere auch andere Lehrer, aber die Genannten sind meine wichtigsten Inspirationsquellen.*

Der Grund, warum ich die Lehren körperloser Wesen wie White Eagle, Dr. Lascelles und dem Tibeter (DK) in diesem Ausmaß hier aufgenommen habe, ist für mich ihre Fähigkeit, das große Ganze zu sehen, ihr umfassenderer Blickwinkel. Wenn wir unser Leben aus evolutionärer Sicht betrachten, kann man unser Dasein mit dem einer Eintagsfliege vergleichen, die ohne jegliche Kenntnis eines Gestern oder Morgen existiert. Im Gegensatz dazu sprechen diese Lehrer von einer höheren Warte, wo es Zeit in der uns bekannten Form nicht gibt. Für sie existieren Vergangenheit, Gegenwart und Zukunft gleichzeitig als das ewige Jetzt. Ihre Weisheit und ihre Visionen gründen daher nicht nur auf der Gegenwart sowie auf Erfahrungen und Wissen aus der Vergangenheit, sondern auch auf ihrer Vision einer „möglichen“ Zukunft – dessen, wohin wir gehen sollen, um unsere „Bestimmung“, unser Potenzial zu erfüllen. Mit anderen Worten, sie sprechen stets aus einer Position, in der sie ihre Vision zielsicher im Blick haben.

* Anmerkungen zu allen diesen Lehrern finden Sie auf den Seiten 232-240. Ich habe mich entschieden, das generische Maskulinum in den Lehren nicht zu verändern. Allerdings bezieht sich diese Form in den Schriften meinem Verständnis nach auf alle Menschen und ist nicht gender-spezifisch gemeint.

Die Quellen der Zitate der verschiedenen Lehrer gebe ich an, soweit dies möglich ist. Aber ich hatte auch Zugang zu einigen bisher unveröffentlichten Lehren von White Eagle. Wo für ein White-Eagle-Zitat keine Quelle genannt wird, können Sie davon ausgehen, dass es sich um eine unveröffentlichte Lehre handelt.

In den Kapiteln Eins und Zwei gebe ich kurze Einblicke, wie sich meine eigene Beziehung zu Tieren im Laufe der Jahre entwickelt hat, und schildere, wie Tiere mein Leben und mein Verständnis der Tierwelt als Ganzes beeinflusst haben. Ich habe dies hier aufgenommen, um den Leserinnen und Lesern einen Eindruck davon zu vermitteln, wie dieses Buch entstanden sein könnte, und um zu zeigen, wie tief das Leben unserer tierischen Begleiter unsere eigene Bewusstseinsentwicklung beeinflussen kann – und wie sehr sie alle über eine eigene, einzigartige Individualität verfügen.

Kapitel Drei ist eine kurze Beschreibung der Gehirnentwicklung aus wissenschaftlicher Sicht. Das Verständnis unserer gemeinsamen Biologie kann uns ein Instrument an die Hand geben, um die Tiere besser zu verstehen, denn es vermittelt uns ein klares Bild davon, worin wir uns unterscheiden und, wichtiger noch, was wir, biologisch gesehen, gemeinsam haben. (Dies könnte ein Hinweis zum Verständnis der verschiedenen Bewusstseinsebenen sein.)

In den Kapiteln Vier bis einschließlich Sieben zeige ich, inwiefern unsere spirituellen Lehrer uns aus esoterischer oder spiritueller Sicht Erkenntnisse darüber vermitteln, wie sich die Lebenskraft und die Seele – die Gruppenseele eingeschlossen – über die verschiedenen Naturwelten hinweg entwickeln. Auch einige Lehren über die Beziehung der Tiere zur Welt der Devas und der Engel habe ich hier aufgenommen. Eine eigene Rubrik erhalten die Vögel und die Meeressäuger. Ich stelle Fragen wie „Leben Tiere nach dem Tod weiter?“ Auch Reinkarnation und Karma sind Themen, in die ich durch unsere Lehrerinnen und Lehrer sowie aufgrund eigener Erfahrung nach Kräften etwas Licht hineinbringen möchte, und zwar in Kapitel Acht.

In einem solchen Buch kommt man nicht umhin, das emotional aufgeladene Thema des „vom Menschen verursachten Tierleides“ anzusprechen, verbunden mit den Konsequenzen, die unser Verhalten und unser Lebensstil – sei es aufgrund bewusster Grausamkeit, Gier oder schlicht Unwissenheit – nicht nur für die Tiere, sondern auch für die Menschheit als Ganzes haben. Ich habe versucht, so sachlich wie möglich zu bleiben, ohne dabei allzu emotional zu werden – was nicht immer einfach ist. Dies ist Kapitel Neun.

Wie wir mit Tieren kommunizieren können, ist Gegenstand von Kapitel Zehn, und in Kapitel Elf komme ich auf die Rolle der Haustiere zurück. In Kapitel Zwölf wende ich mich der Überlieferung der amerikanischen Ureinwohner zu, um mittels der „Totem-Tradition“ etwas über die Rolle der Tiere im Leben und in der Kultur dieser Menschen zu erfahren und aufzuzeigen, wie sich dies auf unseren Alltag übertragen lassen könnte.

Kapitel Dreizehn befasst sich mit unserer Rolle als „Hüter" dieses Planeten (mit Schwerpunkt auf der Tierwelt) und mit der Verantwortung, die sie mit sich bringt. Unsere Lehrer und uralte Schriften haben anscheinend dieselbe Botschaft: Ein wahrer Herrscher/Hüter ist zugleich ein wahrer Diener, und Ausbeutung und Missbrauch können nur zu Chaos und Leid führen – nicht nur für die Tiere, sondern letzten Endes für die Menschheit.

Im letzten Kapitel führe ich uns noch einmal zur Evolution der Seele und zu den Worten unserer spirituellen Lehrer, wonach Tiere und Menschen den gleichen Grundcharakter haben, wenngleich auf unterschiedlichen Sprossen der Leiter. Auf seiner Reise zur Individualisierung kommt jedes Tier schließlich an einen Punkt, an dem sich das Tor zum nächsten Schritt öffnet. Dies ist das Tor zur Menschenwelt und dazu, dass jeder Funke des Göttlichen eines Tages eine vollständig gottbewusste Seele wird.

Kapitel Eins

Mein erster Kontakt mit Tieren

Meine erste Erinnerung an Tiere gilt tatsächlich einer Blattlaus. Ich war mit meinen Eltern und Großeltern in Norwegen im Wald zum Blaubeerpflücken, wobei es bei mir mit meinen drei Jahren mit dem Pflücken nicht weit her war. Stattdessen verbrachte ich die meiste Zeit in Gesellschaft einer Blattlaus, die auf meiner Hand herumkrabbelte. Schließlich geschah das Unvermeidliche: Sie wurde zwischen meinen kleinen Fingern zerquetscht, natürlich aus Versehen. Ich schämte mich abgrundtief und weinte mir die Seele aus dem Leib, sodass meine Großmutter ihre Beeren stehen lassen musste, um mich zu trösten.

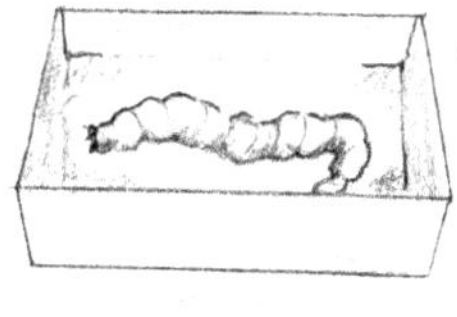

In meiner nächsten Erinnerung habe ich eine grüne Raupe entdeckt. Wieder war ich wie gefesselt von diesem Geschöpf, und meine Eltern brachten mir eine Streichholzschachtel, in die ich sie hineinlegen konnte, um eine erneute „fahrlässige Tötung“ zu verhindern. Ich weiß nicht mehr, wie es passiert ist, aber irgendwie habe ich es fertiggebracht, dass mir die Raupe verloren ging, als ich mich aus dem Küchenfenster lehnte. Sie fiel aus dem ersten Stock in den Garten. Ich bestand darauf, dass meine Mutter und ich sie suchen gehen sollten, aber als wir hinunterkamen, war sie nirgendwo mehr zu sehen. Sie war entflohen. Wieder eine persönliche Tragödie!

Mit fünf Jahren sollte ich eine der glücklichsten, aber für ein Kind in diesem Alter auch konfliktträchtigsten Zeiten in meinem Leben erfahren. Ich wurde eingeladen, einige Wochen bei meiner Großtante auf ihrem Bauernhof in den norwegischen Bergen zu verbringen, ein Aufenthalt, der auf meinen Wunsch hin mehrfach verlängert wurde.

Meine Großtante Hildur kümmerte sich um ihre fünf Kühe, das Kälbchen und eine Katze, während ihr Mann seiner Arbeit außerhalb des Hofs nachging. Ich habe das Leben auf dem Bauernhof geliebt. In allererster Linie wegen der Tiere, aber auch weil ich meine Tante Hildur so liebhatte. Da der Hof recht abgeschieden lag, waren wir beide fast den ganzen Tag allein. So redeten wir dauernd miteinander, und sie bezog mich in alle ihre Tätigkeiten ein. Außerdem hatte sie einen großartigen Sinn für Humor, und wir lachten viel.

Jeden Morgen standen wir um halb sechs auf, damit wir in den Stall hinuntergehen und die Kühe melken sowie das Kalb mit frischem Heu und Milch versorgen konnten, was meine Aufgabe war. Ich habe diese Arbeit heiß geliebt, und für mich war sie der Höhepunkt des Tages!

Eines Morgens wachte ich auf, und im ganzen Haus war es völlig still. Ich stand auf und sah, dass im Kuhstall Licht brannte. Sofort stieg ich in meine Stiefel und stürmte im Nachthemd in den Kuhstall hinüber. Diese Geschichte hat Tante Hildur später jedes Mal, wenn wir uns begegnet sind, unermüdlich wiedererzählt. Sie sagte: „Du hättest dein Gesicht sehen sollen! Tränen sind dir über die Wangen gekullert, du hast mich vorwurfsvoll angesehen und gesagt: ‚Du hast mich nicht geweckt!'" Sie hatte es einfach nicht übers Herz gebracht, mich an jenem Morgen zu wecken. Diesen Fehler hat sie danach allerdings nie wieder gemacht!

Bei jenem Aufenthalt plante ich mein ganzes weiteres Leben. Wenn ich groß wäre, würde ich Cowgirl. Ich würde mir ein eigenes Haus auf dem Hof bauen und mich um meine Tante Hildur kümmern, wenn sie alt würde. Doch schließlich holte mich die Realität ein, und es kam der Tag, an dem meine Mutter und meine Großmutter mich wieder mit nach

Hause nehmen sollten. Stolz führte ich sie im Kuhstall herum, stellte ihnen „mein“ Kalb vor und machte mir einen Spaß daraus, meine Mutter zu erschrecken, indem ich das Kälbchen an meiner Hand nuckeln ließ, sodass der halbe Arm in seinem Schlund verschwand.

Ich weiß nicht, ob mir klar war, dass ich tatsächlich fort musste. Der verschlungene Weg bis zur Hauptstraße, wo der Bus uns nach Fagernes, die nächstgelegene Stadt, bringen würde, zog sich für jeden lange hin, erst recht für ein Kind. Von dort würden wir den Rest der Strecke mit dem Zug fahren. Der Groschen muss etwa auf halbem Wege gefallen sein, denn ich drehte mich um und rannte zum Hof zurück, so schnell ich konnte. Meine Mutter holte mich ein, aber ich heulte nur: „Ich will nach Hause!“ Meine Mutter sagte, wir gingen ja nach Hause. Aber nein, ich wollte ***nach Hause***! Dies wiederholte sich noch mehrfach, bis sich meine Mutter schließlich nicht mehr anders zu helfen wusste, als zu behaupten, meine Tante Hildur käme mit.

Schließlich gab ich nach. Aber ich werde nie vergessen, wie ich sehen musste, dass meine Tante Hildur uns nachwinkte, als der Bus abfuhr. Ich war schockiert, zutiefst erschüttert von dem himmelschreienden Verrat, den ich erlebt hatte. Danach kann ich mich an nicht mehr viel erinnern, aber man sagte mir, ich hätte geweint, bis ich irgendwann vor Erschöpfung eingeschlafen sei.

Ich brauche wohl nicht zu sagen, dass dies nicht der letzte Besuch auf dem Hof meiner Tante Hildur bleiben sollte.

Zwei Jahre später hatte ich weitere unvergessliche Erlebnisse. Das erste war, dass ich die Bäuerin vom Nachbarhof begleiten durfte, als sie ihre Kühe über den Hügel, durch den Wald und schließlich über die Hauptstraße auf ihren Sommerhof am Fuß der Berge trieb. Für meine kleinen Beine war dies ein langer Weg, aber in meiner Aufgabe, die Tiere zu führen, ging ich so sehr auf, dass mir überhaupt nicht in den Sinn kam, ich könnte müde sein und eine Pause brauchen. Dazu machte es mir viel zu großen Spaß. Rückblickend erkenne ich, dass ich eins war mit meiner ***Bestimmung***. Ich muss oft daran denken, wie wir über Menschen reden, die anscheinend über unerschöpfliche Energiereserven verfügen. Dann sagen wir: „Ich weiß gar nicht, wie die das machen." Diese Menschen verspüren in ihrem Leben meist eine starke Sinnhaftigkeit – und dies gibt ihnen Energie. Es nährt sie buchstäblich!

In diesem Sinne hatte ich bei jenem Aufenthalt ein Erlebnis, an das ich oft als einen der stolzesten Momente in meinem Leben zurückdenke. Als meine Eltern kamen, um mich abzuholen, konnte ich ihnen zeigen, dass ich Melken gelernt hatte. Immer, wenn ich daran zurückdenke, überkommt mich geradezu eine Euphorie. Ich hatte das Ziel und den Sinn meines Lebens erreicht!! So hat es sich für mich damals angefühlt.

Meine Mutter sagte, es sei ein absolut unbezahlbares Erlebnis gewesen zuzuschauen, wie ich versuchte, Milch in den Eimer zu bekommen und dabei gleichzeitig dem peitschenden Kuhschwanz auszuweichen und darauf zu achten, dass meine Eltern keine Sekunde des erstaunlichen Wunders verpassten, das sich da vor ihnen abspielte!

Ich glaube, um diese Zeit herum wurde meinen Eltern klar, dass ich zu Hause eigene Tiere brauchte, und so traten Katzen in mein Leben.

Kapitel Zwei

Tiere, die ich gekannt habe

Pussi war meine erste Katze. (Ich muss an dieser Stelle anmerken, dass „katt“ und „pus“ die norwegischen Wörter für Katze sind. Letzteres ist ein zärtlicheres Wort für eine Katze, die als Haustier gehalten wird, und besonders bei Kindern beliebt. Katzennamen wie „Pus“ und „Pussi“ sind daher in Norwegen häufig und nicht mit ähnlich lautenden englischen Wörtern zu verwechseln.) Eine Klassenkameradin in

der Nachbarschaft hatte eine Katze, die trächtig war, und zu meiner großen Freude und Überraschung versprachen mir meine Eltern, wenn es soweit wäre, dürfe ich ein Kätzchen haben. Ich suchte mir eine schöne blaugraue Katze mit weißen Pfötchen und weißer Kehle aus. Ich liebte sie über alles, und sie erwies sich als sehr anmutiges, loyales Tier. Ohne sie konnte ich nachts nicht einschlafen.

Meine Großeltern wohnten nur fünf Gehminuten entfernt, und wenn wir sie besuchen gingen, war Pussi wenig später ebenfalls da. Ihre Ankunft kündigte sie mit einem Sprung auf das Sims vor dem Wohnzimmerfenster an, hinter dem wir saßen. Schon bald kam sie deshalb gleich von Anfang an mit. Das Interessante war allerdings: Wenn wir ihr sagten, dass wir nicht zu den Großeltern gingen und sie daher nicht mitkommen könne, setzte sie sich einfach mitten auf die Straße und sah uns beim Weggehen zu.

Da unser Haus am Waldrand lag, ging die ganze Familie im Herbst Blaubeeren pflücken. Zunächst wollten wir nicht, dass sie mitkäme, denn wir befürchteten, sie könne sich verirren. Aber sie fand schnell heraus, dass sie einfach so tun konnte, als käme sie nicht mit, um uns dann heimlich zu folgen und sich erst bemerkbar zu machen, wenn wir an der richtigen Stelle angekommen waren. Dann machte sie es sich immer jeweils da gemütlich, wo ich gerade pflückte. Schließlich wurde es ganz normal, dass sie uns auf unseren Waldspaziergängen begleitete.

Doch bald sollte es Ärger geben. Sie entwickelte die Angewohnheit, dass sie nachts raus wollte, und weckte dazu meine Eltern auf. Und nicht nur das, später sprang sie vor das Schlafzimmerfenster und wollte wieder hereingelassen werden. Für meinen Vater, der einen leichten Schlaf hatte, wurde dies zur Belastung. Da er im Schichtdienst arbeitete, womit bei der Eisenbahn gewisse Sicherheitsvorgaben verbunden waren (dies war noch vor der Automatisierung), brauchte er seinen Schlaf.

Eines Abends, meine Eltern hatten Gäste, vermisste ich Pussi auf meinem Bett und bat meine Mutter, sie zu rufen, wie sie es normalerweise tat, wenn ich zu Bett ging und meine Katze nicht da war. Auch jetzt rief sie sie. Doch plötzlich merkte ich, dass ihr Rufen nicht echt war. Irgendwie wusste ich, meine Katze gab es nicht mehr. An jenem Abend weinte ich mich leise in den Schlaf. Ohne so recht zu wissen, warum, beschloss ich, meinen Eltern nicht zu zeigen, was ich empfand. Als sie mir also am nächsten Morgen erzählten, was am Vortag geschehen war (sie hatten einen Nachbarn, der ein Gewehr besaß, gebeten, sich der Sache anzunehmen), sagte ich nur: „Ich weiß" und ging weg. Wegen der Gäste hatten sie es mir am Vorabend nicht sagen wollen, wahrscheinlich weil sie eine Szene befürchteten! Damals merkte ich zum ersten Mal, dass ich etwas „wusste", was nicht ausgesprochen worden war.

Ich habe lange gebraucht, bis ich damit zurechtkam, dass meine Eltern wegen ***meiner*** Katze diese Entscheidung getroffen hatten. Aber merkwürdigerweise konnte ein Teil von mir sie auch verstehen. Rückblickend bin ich heute fest überzeugt, dass es keine gute Lösung ist, Kinder anzulügen. Es ist feige. Wenn man hingegen ehrlich über die Situation spricht, muss man zwar vielleicht ein paar Wutanfälle aushalten, kann aber möglicherweise seelische Narben durch den Verrat und den darauffolgenden Vertrauensverlust verhindern. Außerdem glaube ich, dass viele Erwachsene die Weisheit von Kindern unterschätzen. Für mich war dies ein erster Schritt, meine innersten Gefühle für mich zu behalten.

Auf meine nächste Katze musste ich zwölf Jahre warten. Mit zwanzig Jahren schloss ich das College ab und begann eine Ausbildung in einem Heim für Mädchen mit Verhaltensproblemen – etwa fünfzehn Kilometer von meiner Heimatstadt entfernt. Ich wohnte auf dem Areal in der Wohnung der Leiterin, da sie im Dorf ein eigenes Haus besaß. Es war eine hübsche kleine Wohnung in einem umgebauten Nebengebäude des ehemaligen Bauernhofs, der jetzt ein „Mädchenheim" war.

Als eine meiner ersten Aufgaben sollte ich die Leiterin begleiten, die mit einigen Mädchen zum Haus ihres Vaters in Nordnorwegen fuhr, schön gelegen zwischen den steilen Bergen und dem Fjord. Es war eine fröhliche Zeit für uns und die Mädchen; wir beobachteten die Mitternachtssonne und gingen in ihrem Schimmer zum Nachtangeln.

Unmittelbar vor unserer Ankunft hatte die rote Hauskatze drei Junge bekommen. Sie waren alle entzückend, aber ich verliebte mich in ein rot-aprikot-getigertes Katerchen, das ich „Balder" nannte. Bis wir wieder nach Hause gingen, klebte er förmlich an mir – was ihm später zum Verhängnis werden sollte.

Es erübrigt sich wohl zu sagen, dass er bei unserer Abreise mitkam, ebenso wie sein rotweiß getigerter Bruder, dem die Leiterin ein Zuhause geben wollte.

Meine Absicht war eigentlich, dass Balder bei meinen Eltern wohnen sollte, als Spielgefährte für meinen sechsjährigen Bruder. Aber der Kater hatte etwas anderes im Sinn. Schon am Tag, nachdem ich ihn bei ihnen gelassen hatte, war er verschwunden. Meine Eltern konnten ihn nirgendwo finden. Schließlich riefen sie mich an und sagten mir, er sei weg. Die Köchin, Gott segne sie, lieh mir ihr altes Moped, und ich brauste los. Ich fuhr die Gegend um das Haus meiner Eltern ab und erkundigte mich überall nach ihm. Zu meiner Überraschung sagte jemand, sie hätten ihn bei der Heilsarmee gesehen!

Ich fuhr hin, und siehe da, er saß tatsächlich vor der Heilsarmee (engl. *Salvation Army*). Ich konnte es nicht fassen! War das Zufall oder hatten die Engel einen merkwürdigen Sinn für Humor? (*Salvation* heißt auch „Rettung, Erlösung", Anm. d. Ü.). Da mir klar wurde, wie sehr er an mir hing, brauste ich auf dem alten Moped mitsamt dem Kater unter dem Arm die fünfzehn Kilometer zurück zur Arbeit. Verrückt, ich weiß, aber er hielt absolut still.

Balder gewöhnte sich in dem Mädchenheim gut ein. Er passte sich an meine verschiedenen Schichten an und machte sich stets bemerkbar, wenn ich zu lange im Haupthaus blieb. Wenn ich am Wochenende frei hatte, kam er mit mir zu meinen Eltern – eine Fahrt mit zwei verschiedenen Busli-

nien samt Umsteigen in der nächsten Stadt, wo wir in einem kleinen Café auf den Anschluss-Bus warteten. Während ich zur Theke ging, um meine übliche Cola zu bestellen, blieb er stets ruhig auf seinem Stuhl sitzen.

Auf diesen Fahrten gewann er viele Bewunderer (ganz ähnlich wie „Bob der Streuner" aus dem gleichnamigen Buch und Film*). Manche rote Katzen sind außergewöhnlich anhänglich, habe ich festgestellt, und binden sich sehr stark an eine einzige Bezugsperson.

* Siehe „Quellen".

Hin und wieder fuhr ich weg, besuchte meine Cousine und blieb über das Wochenende bei ihr. Das war für ihn in Ordnung, und das Personal im Haupthaus versorgte ihn mit Futter. Er wusste immer, wann ich zurückkommen musste. Dann wartete er am Ende der gut 800 Meter langen Zufahrt, um mich abzuholen, wenn ich aus dem Bus stieg.

Einmal, nachdem ich bereits ein knappes Jahr dort war und mein Ausbildungsjahr zur Sozialarbeiterin sich dem Ende näherte, blieb ich fünf statt der üblichen drei Tage bei meiner Cousine. Bei meiner Rückkehr war Balder nicht da. Als ihn zuletzt jemand gesehen hatte, war er die Zufahrt entlangspaziert; das war vor zwei Tagen gewesen.

Wir haben nie herausgefunden, was mit ihm geschehen ist. Bei meiner Suche nach ihm habe ich nichts ausgelassen, ich klebte Plakate und schaltete Anzeigen in den Lokalzeitungen. Aber es kam nichts dabei heraus. Manche meinten, der Fuchs müsse ihn wohl geholt haben, aber ich glaube, als ich nach drei Tagen nicht wieder da war, hat er sich auf die Suche nach mir gemacht.

„Das war ein kurzes Vergnügen“, lautet eine Redewendung. Kurz war es ganz gewiss, aber eine große Freude. Das Liebesvermögen der Tiere und ihre Hingabe an uns Menschen erstaunt mich immer wieder!

Meine nächste Katze trat etwa zwölf Jahre später in mein Leben. Man sagt ja landläufig „ein Hund ist nicht bloß ein Hund“, und in diesem Fall hatte „eine Katze ist nicht bloß eine Katze" eine tiefgründige Bedeutung für mich. Damals hatte ich nicht die Absicht, mir eine neue Katze zuzulegen, denn Snoopy, der Hund meiner Eltern, war die meiste Zeit bei mir.

Obwohl auch dies wieder nur eine kurze Stippvisite auf der Erdenebene werden sollte, kann ich doch aufrichtig sagen, dass es nie wieder jemanden wie diesen Kater gegeben hat! Inzwischen war ich mir des Lebens auf einer inneren Ebene stärker bewusst geworden, deshalb wurde sein Abschied merkwürdigerweise für mich ebenso wichtig wie sein Leben auf der irdischen Ebene.

Es war Liebe auf den ersten Blick! Die Katze meiner Freundin Ragnhild war mit einem einzelnen Jungen trächtig geworden, nachdem ihre Mutter sie gehütet und vergessen hatte, ihr die wöchentliche Pille zur Empfängnisverhütung zu geben, wie sie damals in Norwegen häufig verwendet wurden. Das Ergebnis war ein hinreißendes männliches silbern getigertes Kätzchen – völlig anders als die Linie der Norwegischen Waldkatzen, von der ihre Mutter abstammte, und auch anders als alle Katzen in der Nachbarschaft.

Als ich ihn sah, wusste ich noch im selben Moment, dass er etwas Besonderes war und wir zusammengehörten. Ich konnte gar nicht anders, als ihn zu mir zu nehmen, obwohl ich mich fragte, wie er sich wohl mit Snoopy vertragen würde. Ich hätte mir keine Sorgen zu machen brauchen. Innerhalb von zwei Wochen hatte das Kätzchen, das als *Jupiter* zu mir gekommen war, aber später den Namen *Storepus* (große/

großartige Katze) erhielt, den Hund vollkommen im Griff und „um die Pfote gewickelt". Es gab nicht den geringsten Zweifel, wer der Boss war! Wenn ich zum Beispiel weg gewesen war und Snoopy bei meiner Rückkehr ein Riesentheater vollführte, ließ ihm der Kater dies ein paar Minuten durchgehen, ging dann aber hin und biss den Hund in ein Hinterbein, um ihm zu verstehen zu geben, dass es nun genug sei. Bei unseren Waldspaziergängen waren wir immer zu dritt! An heißen Tagen lief die Katze bergauf stets vorneweg, wohingegen der Hund mit hängender Zunge hinterher trottete, um meistens unversehens von der frechen Katze angesprungen zu werden, die im Sommer hinter einem Baum oder einem Stein und im Winter hinter einer Schneewehe lauerte.

Schon als er noch ein kleines Kätzchen war, konnte ich manchmal, wenn ich Storepus anschaute, bereits mit meinen physischen Augen seinen starken, pulsierenden Ätherkörper sehen. Dies hatte ich bei einem Tier noch nie beobachtet. Es verlieh ihm eine starke Ausstrahlung, und die Menschen, die ihn sahen, spürten es, denn sie blieben stehen, schauten ihn an und machten eine Bemerkung, wie beeindruckend er sei. Ich glaube nicht, dass dies lediglich an seinem schönen glänzenden silberfarbenen Fell lag. Sogar der berüchtigte, Katzen jagende Boxerhund meines Onkels war von Storepus fasziniert. Wenn er auf den Kater zu donnerte, blieb Storepus einfach sitzen, und der Boxer hielt einen Meter vor ihm inne, setzte sich ebenfalls und schaute den Kater an, der seinem Blick standhielt.

Storepus war kein Freund von Besuch. Er freute sich über Menschen in seinem Garten, aber sobald sich mehr als eine Person im Haus befand (mit Ausnahme meiner Eltern), setzte er sich in den Eingang und kehrte uns demonstrativ den Rücken zu, um ja keinen Zweifel daran zu lassen, dass er nicht zufrieden war! Eine merkwürdige Ausnahme waren Kinder. Obwohl nicht an Kinder gewöhnt, liebte er es, wenn meine Freunde Kinder mitbrachten. Dann kam er auf sie zu und forderte sie zum Spielen auf. Er wusste, dass sie Kinder waren, und brachte ihnen bei, wie man mit ihm umzugehen hatte.

Eine weitere Ausnahme war meine Freundin Laila. Wenn sie ein paar Tage blieb, brachte sie ihr kleines Katerchen mit, und Storepus nahm ihn sofort in seine Obhut, wachte über ihn und achtete darauf, dass er stets innerhalb der Grenzen des Gartens blieb – er war der perfekte Vater. Im Sommer konnten wir die beiden sogar nachts draußen lassen. Sobald wir die beiden am Morgen riefen, war Storepus mit dem Katerchen zur Stelle.

Storepus und ich waren gedanklich perfekt aufeinander eingestimmt. Wenn er zum Tierarzt musste oder wir irgendwohin gingen, brauchte ich mir nie Gedanken zu machen, wie ich ihn wohl ins Auto kriegte oder ob ich ihn alleine lassen könnte. Dann visualisierte ich ihn im sechszackigen Stern*, und wenn wir zum Beispiel um siebzehn Uhr wegfuh-

* Eine Methode, mit der man das betreffende Geschöpf oder die betreffende Person mit ihrem vollkommenen Selbst verbinden kann. Sie wird von White Eagle gelehrt und in Kapitel Vierzehn näher beschrieben.

ren, sagte ich ihm in Gedanken, um fünf vor fünf müsse er zu Hause sein. Es hat immer geklappt!

1985 war ich fünf Wochen in England. Storepus blieb bei meinen Eltern, die drei Straßenzüge weiter wohnten. Bevor ich wegfuhr, gingen wir die Strecke fast jeden Tag ab. Er kannte also den Weg, aber wenn ich wegging, machte er es sich jedes Mal bei ihnen gemütlich – nie versuchte er, nach Hause zu gehen. Dieses Mal erzählte mir mein Vater, am Tag meiner Rückkehr sei Storepus den ganzen Tag vor dem Haus auf einem Stein gesessen und habe die Straße hinuntergeschaut, bis er am Spätnachmittag plötzlich verschwunden sei. Als ich bei mir zu Hause ankam, saß er auf meiner Türschwelle und wartete!

Aus dem kurzen Leben dieser Katze gibt es sehr viel zu erzählen, aber da sein Ende für die Leserinnen und Leser vielleicht das Wichtigste ist, werde ich zum Winter nach seinem dritten Geburtstag kommen.

Irgendwann, Anfang Dezember, ging er nicht mehr nach draußen. Ich glaubte, dies läge an den plötzlichen schweren Schneefällen, die wir gehabt hatten. Der Schnee im Garten reichte mir buchstäblich bis unter die Achseln, und da alles auf einmal gefallen war, war er sehr locker, und man versank leicht darin. Allerdings war Storepus auch ungewöhnlich ruhig und leicht reizbar. Ich dachte, er langweile sich.

Aber dann – ich glaube, es war am 1. Januar – ging er nach draußen und kam nie wieder zurück. Sie können sich vorstellen, welche Sorgen ich mir gemacht habe! Ich glaubte, er sei im Schnee versunken oder vom Schneepflug erfasst worden. Jeden Tag nach der Arbeit ging ich in der Nachbarschaft umher und rief und rief, mein Vater ebenso. Aber keine Spur von Storepus. Ich war ziemlich verzweifelt.

Dann erhielt ich am 19. Januar während meiner Morgenmeditation eine Vision. Der Meister kam zu mir und hielt meinen geliebten Kater im Arm. Da wusste ich, dass er tot war – was in dem Moment eine Erleichterung bedeutete, da ich nun erkannte, dass er nicht mehr litt. Der Meister sagte: „Wie kannst du nur glauben, dass mein Mitgefühl nicht auch sie einschließt, deine jüngeren Geschwister?"

Ja, wie konnte ich je daran zweifeln?

Von diesem Tag an begann eine neue Phase in unserer Beziehung. Da ich in diesem Leben noch keine lieben Verstorbenen hatte, konnte ich mit dem „Garten des Wiedersehens", wo man in der Meditation mit geliebten Menschen, die sich bereits in der geistigen Welt befinden, kommunizieren kann, eigentlich nichts anfangen. Durch meinen Kater sollte sich dies ändern. Ich erinnere mich, dass ich in der ersten Meditation nach der Vision spürte, wie ein Lichtstrahl in mein Herz trat. Ich wusste, dass dies mein geliebter Storepus war. Schließlich führte mein Kater mich in dem Garten herum. Der erste Mensch, den er mir zeigte, war *Minesta* (Grace Cooke), die Gründerin der White Eagle Loge.* Dann machte er mir bewusst, wie schön die Natur dort ist. Dies wiederholte sich noch oft, und mehrere Monate lang genoss ich in der

* Siehe Anmerkung auf Seite 232.

geistigen Welt regelmäßig seine Gesellschaft. Wenn ich mich hinlegte und ausruhte, bemerkte ich manchmal eine Lichtkugel auf meiner Brust und konnte spüren, dass er dort lag, wie er es auf Erden oft getan hatte, wenn ich mich nach der Arbeit am Nachmittag ein wenig ausruhte.

Nach und nach fiel mir auf, dass seine Anwesenheit seltener wurde. Stattdessen bemerkte ich in der geistigen Welt einen großen Tiger. Es machte mir viel Freude, mit ihm zu spielen, wozu er mich anscheinend aufforderte. Eines Tages nahm ich dann wieder Storepus wahr und sah vor meinem geistigen Auge, wie er allmählich mit dem Tiger verschmolz. ... Er hatte die Gestalt gewandelt. Er war zum Tiger geworden – oder, so vermute ich – er war wieder zum Tiger geworden.

Inzwischen ist mir klar, dass Storepus krank war, als er mich verließ. Wahrscheinlich litt er an Leukämie, da auch frühere Symptome darauf hindeuteten. Eine seiner Katzenfreundinnen war an derselben Krankheit gestorben. Als Storepus fortging, muss er sich wohl an einen geheimen Ort begeben haben, um dort zu sterben, wie Tiere dies häufig tun. Es war so vorgesehen, dass er nur kurze Zeit bei mir bleiben sollte, und dies zu einer Zeit, in der ich medial sehr verwundbar war, denn ich glaube, Katzen sind Hüter der Astralebene. Ich werde ihn nie vergessen, meinen Freund, meinen Bruder, meinen Lehrer, meinen schönen Jungen! Nein, er war wirklich nicht bloß eine Katze!

Meine nächste Katze hatte ein wesentlich längeres Leben. Sie ist mit zwanzig Jahren an Altersschwäche gestorben. Allerdings war sie nur zehn Jahre bei mir. Sie ist durch eine Freundin zu mir gekommen, in deren Nachbarschaft sie wahrscheinlich als Junges ausgesetzt worden war. Fest entschlossen, ins Haus meiner Freundin zu gelangen, miaute sie mehrere Nächte hintereinander vor ihrem Fenster. Da meine Freundin zwei Hunde hatte, kam an dieser Stelle also ich ins Spiel – und die nächste Geschichte dreht sich um meine Katze Missi. Ich musste Missi zurücklassen, als ich Norwegen verließ, um endgültig in England leben. Die Trennung brach mir das Herz, aber ich wusste, in der sechsmonatigen Quarantäne würde sie viel zu sehr leiden, denn sie hasste es, in der Wohnung bleiben zu müssen. Andererseits hatte ich das Gefühl, meine beste Freundin und auch mein „Kind" zu verlassen. Ich glaube, dies war eine der schmerzlichsten Entscheidungen, die ich im Leben treffen musste, aber ich wusste, ich musste „das Richtige" tun, und so wäre es das Beste für sie.

Am Ende erwies es sich als sehr schwierig, ein passendes Zuhause für sie zu finden, denn die Freunde, die sie bei sich aufnehmen wollten, machten wegen veränderter Umstände einen Rückzieher. Mittlerweile war es recht spät, und der Zeitpunkt mitten in den Sommerferien machte die Sache auch nicht gerade einfacher. Sie einschläfern zu lassen, kam mir falsch vor, denn sie war so eine kluge, liebevolle Katze, die noch viele Jahre lang sehr viel zu geben hätte. Andererseits konnte ich sie auch nicht einfach irgendjemandem überlassen!

Nach langen Tagen der Gewissenserforschung, der Tränen und des Betens blieb mir schließlich nur noch eine Option. Ich hatte sogar schon für den folgenden Tag einen Hausbesuchstermin mit dem Tierarzt vereinbart, als es an der Tür klingelte und der Nachbarssohn sagte, er habe von Missi gehört und würde sie gerne nehmen. Ich freute mich, da sich Missi bereits gut mit seiner Mutter verstand und sie eigentlich meine erste Wahl als neues „Elternhaus" für Missi gewesen wäre. Ihr Hund und ihre drei Vögel waren allerdings anderer Meinung! Sie beschlossen jedoch, sich die Verantwortung zu teilen, sodass Missi bei ihrem fantastischen Sohn im ersten Stock wohnen und sie selbst sich um Missi kümmern würde, wenn er bei der Arbeit war.

Ein paar Tage nachdem ich Missi von ihrem neuen Leben erzählt hatte, hörte ich sie im Garten sehr laut (ungewöhnlich laut) rufen. Ich fand sie vor dem Nachbarsgarten sitzend, den Blick hinüber gerichtet. Ich nahm sie auf, ging hinüber und traf dort den jungen Mann mit seiner Freundin an. Er sagte, vor wenigen Augenblicken sei Missi gekommen, habe sich zwischen sie in die Sonne gelegt und sie tatsächlich zum Streicheln aufgefordert. Das war ungewöhnlich, denn außer mir ließ sie sich sonst nur auf seine Mutter ein. Sie sah abwechselnd mich und die beiden jungen Leute an und schnurrte und schnurrte, als ob sie mir sagen wollte, sie wisse Bescheid und sei einverstanden.

Als der letzte Tag kam, war sie besonders liebevoll zu mir und ging nicht aus dem Haus, bis wir sie mitsamt ihren Siebensachen in ihr neues Zuhause brachten. Kaum in der Wohnung im ersten Stock angelangt, sah sie sich kurz um, sprang dann direkt neben den jungen Mann auf das Sofa und streckte alle viere von sich, damit er ihren Bauch streicheln konnte.

Etliche Tage später verspürte ich in meinem Elternhaus, wo ich die letzten Tage vor meinem Umzug verbrachte, beim Aufwachen eine sehr fröhliche Präsenz um mich herum. Es war ein wunderschöner und seltener Moment. Als ich mich aufsetzte und mein Herz öffnete, spürte ich, wie Missis Seele in mich hineinströmte, als sei sie ein flüssiges Elixier aus reiner Freude. Ich spürte, dass die Engel, die sie in mein Herz geleiteten, mit ihr sangen. Und ich spürte, dass Missi – und die Engel – mir versicherten, dass alles gut war.

Zu dieser Geschichte gehört auch, dass eine Freundin, die im Nebenzimmer schlief und während des letzten Jahres bei mir in Oslo gewohnt hatte, an jenem Morgen zur selben Zeit aufgewacht war und mir voller Freude von ihrem Erlebnis mit Missi erzählte. Ich sagte nur: „Ja, ich weiß."

Als ich nach meiner Ankunft in England schließlich meine Nachbarin anrief, waren zehn Tage vergangen. Sie sagte mir, Missi sei nicht ein einziges Mal nach nebenan in ihr altes Zuhause gegangen. Vom ersten Tag an hatte sie ihre neue Heimat voll und ganz akzeptiert. Meine Nachbarin sagte: „Es ist, als ob sie Bescheid weiß, als ob sie alles verstanden hat, was du ihr gesagt hast."

Fünf Jahre später war der junge Mann nach Amerika ausgewandert, aber Missi und der Hund waren gute Freunde geworden, und bei seiner Mutter hatte sie ein liebevolles Zuhause. Vier Mal im Jahr nahmen sie sie sogar mit in die Ferien auf ihre Hütte in den Bergen, was sie liebte.

Ich habe daraus gelernt, dass auch unsere Tiere ihren eigenen Weg und ihr eigenes Schicksal haben. Wie unsere Kinder, sind sie uns nur „geliehen". Missi zeigte ein erstaunliches Bewusstsein für ihr Schicksal – ein Bewusstsein, das sie mit vielen Tieren teilt, da bin ich mir sicher.

Seither hat es in meinem Leben viele Katzen und Hunde gegeben, und zum Teil werden Sie im weiteren Verlauf dieses Buches noch von ihnen hören. Aber diese sehr persönlichen Geschichten wollte ich erzählen, weil sie einen wichtigen Teil meiner Reise mit Tieren und eine Vertiefung meines Interesses an ihnen und ihrem Platz in unserem Leben darstellen – nicht nur als Haustiere, sondern als eigenständige, lebendige, sich entwickelnde Wesen mit einem eigenen Platz im großen Plan des Lebens.

Kapitel Drei

Wir sind menschliche Tiere

Mensch, erkenne dich selbst,
und du wirst alle Geheimnisse der Götter
und des Universums erkennen.

Inschrift am Tempel von Delphi

Diesen oben zitierten Sinnspruch halte ich für wahr und sehr treffend, wenn es darum geht, die Tiere zu verstehen; denn zuerst müssen wir erkennen, dass wir menschliche Tiere sind und daher viel mit anderen Tieren gemein haben. Was unsere Ähnlichkeiten und Unterschiede anbelangt, so gibt es nichts Interessanteres als den Blick auf unser Gehirn.

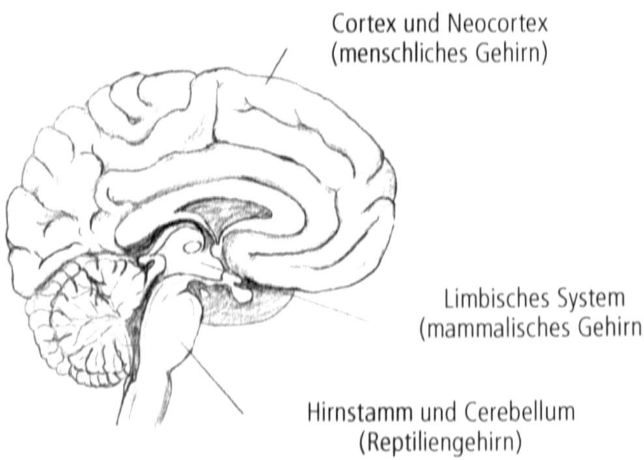

DAS DREIEINIGE GEHIRN

Das menschliche Gehirn wird oft als dreieiniges oder Dreifachhirn bezeichnet (oder Dreiphasenhirn, wie eine Freundin von mir es gerne beschreibt, ein Hirn, das sich in drei Phasen entwickelt hat). Dabei handelt es sich um ein vollständiges Modell unseres Hirnsystems und seiner jahrmillionenlangen evolutionären Entwicklung bis zu dem Gehirn, das wir heute haben. Wir erkennen daran, dass die „Schöpfung" insofern sehr ökonomisch vorgegangen ist, als eine Entwicklungsphase auf der anderen aufbaut, womit ein zunehmend komplexeres System entsteht.

Entwicklungsstadien

1. Das Reptilienhirn – der Bodyguard

Dieser Teil des Gehirns, der größtenteils aus dem Cerebellum besteht, entwickelte sich vor 500 Millionen Jahren zunächst bei Fischen, Reptilien und Vögeln. Es war der erste Teil des modernen Gehirns, das sich in der Evolution der Tiere und des Menschen entwickelte. Es belegt das Rautenhirn und den Hirnstamm, operiert hinter den Kulissen und reguliert die Grundbedürfnisse des Überlebens. Im Englischen wird es manchmal auch als das „housekeeping brain", das „Hauswirtschafts-Gehirn", bezeichnet, weil es dafür sorgt, dass die Körperprozesse so ablaufen, wie sie sollten, und dabei zugleich das Gebiet, in dem wir uns aufhalten, ständig auf Bedrohungen oder Gefahren absucht. Seine Dauerüberwachung schaltet sofort und lange bevor unser kognitiver

Verstand begreift, was vor sich geht, in den Kampf-oder-Flucht-Modus. Das denkende Gehirn ist für diese wichtige, lebensrettende Maßnahme zu langsam. Wenn ein Auto von der Straße abkäme und auf Sie zuraste, wären Sie tot, wenn Sie abwarten würden, bis das „denkende Gehirn" die beste Vorgehensweise herausgefunden hat. Auch wenn das Reptiliengehirn sehr viel schlechte Presse bekommen hat, ist es doch eine wesentliche Komponente unseres Überlebens, die alles im Blick behält und dem übrigen Gehirn Bescheid gibt, dass etwas lebensbedrohlich oder gefährlich ist.

Zu den Bereichen, die das Reptiliengehirn steuert, gehören:

- Nahrungsaufnahme und Verdauung
- Sauerstoffaufnahme
- Herzfrequenz
- Blutdruck
- Fortpflanzung
- Gleichgewicht
- Rigides/obsessives Verhalten
- Territorium/Macht/Aggression
- Instinktives Empfinden

Wir halten uns vielleicht für hochentwickelte Wesen, die sich über primitivere Verhaltensweisen erheben können, aber beobachten Sie sich nur einmal selbst, wenn jemand in Ihr Territorium eindringt, sei es Ihr Körperraum, Ihr Eigentum, Ihr berufliches oder gesellschaftliches Umfeld. Beobachten Sie, wie Sie reagieren.

In unserer modernen Zeit lässt unser Stressniveau das Reptiliengehirn in den Vordergrund treten, statt dass es hinter den Kulissen seinen hauswirtschaftlichen Aufgaben nachkommt – was zum unvermeidlichen Burnout führt, unter dem heute sehr viele leiden. Wenn wir uns im „Reptilienbewusstsein" befinden, verlieren wir das große Ganze aus dem Blick und sehen die Dinge aus der Sicht des „wir" gegen „sie", statt ein umfassenderes, ganzheitlicheres Bewusstsein fördern zu können. Extreme Fälle stressbedingten reptilischen Verhaltens sind eine aggressive Fahrweise und andere Akte plötzlichen Gewaltausbruchs.

Wenn wir also spüren, dass sich in einer bestimmten Situation unser Puls beschleunigt und das Stressniveau steigt, ist es wichtig, dass wir weiteratmen und uns innerlich beruhigen, damit das Reptiliengehirn nicht übernimmt und wir fähig bleiben, uns für eine Reaktion der Güte zu entscheiden statt aus Stress und Angst heraus zu handeln.

2. Das mammalische oder emotionale Gehirn

Das mammalische oder limbische Gehirn trat erstmals vor etwa 150 Millionen Jahren bei kleinen Säugetieren in Erscheinung. Es nistete sich neben dem Reptiliengehirn ein. In das mammalische Gehirn eingebettet sind ein seepferdchenförmiges Gebilde, der sogenannte Hippocampus, zuständig für Gedächtnis und Verhalten, sowie die Amygdala, ein mandelförmiges Gebilde, in dem die Emotionen angesiedelt sind. Ist das Reptiliengehirn reaktiv, so fühlt und spürt das mammalische Gehirn seine Umgebung. Von hier aus treffen wir Werturteile, die unser Verhalten beeinflussen.

Bei menschlichen Tieren sitzt dieser Hirnteil eher in der Mitte des Gesamthirns, und wir haben ihn mit nichtmenschlichen Tieren gemein, sowohl mit Wild- als auch mit Haustieren. Er ist in sehr starkem Maße mit Emotionen und Gefühlen befasst.

Zu seinen Fähigkeiten gehören:

- Erinnerungen an Verhalten aufzeichnen, die eher angenehm als unangenehm sind, weshalb es wahrscheinlich zum Belohnungssystem im Gehirn gehört.
- Emotionen wie Nähren, körperliche und emotionale Nähe zum Nachwuchs und auch zu anderen Lebewesen herstellen. Emotionale Bindung an andere.
- Wahrnehmung gesellschaftlicher Strukturen, die sich als Gruppenbewusstsein zeigen.
- Verwandtschaftliches Verhältnis zu anderen innerhalb eines Stammes oder einer Art (soziale Bande, familiäre Verantwortung).

- Emotionen, Instinkte, Jagen, Essen und Sexualverhalten: Vom Reptiliengehirn angestoßene Tätigkeiten, die nun fortgeführt werden.
- Vermeiden von Schmerz und Wiederholen von Lust, Eigenschaften, die für unser Überleben essenziell sind.
- Werturteile, richtig oder falsch. Das mammalische Gehirn ist der primäre Sitz dieser Fähigkeit. Dies ist interessant, da moralische Werte viel häufiger, als wir glauben möchten, gefühlsbasiert statt logisch durchdacht sind.

Dies alles haben wir in geringerem oder höherem Umfang mit anderen Säugetieren gemein. Interessant ist, dass Kinder weniger Kontrolle über ihre Impulse haben, weil die Axone, die Informationen vom Cortex, also der Hirnrinde, an das mammalische Gehirn senden, noch nicht vollständig entwickelt sind. Die Neuronen des präfrontalen Cortex, die für einen Großteil unserer rationalen Kontrolle über unsere Gefühle sorgen, reifen erst im frühen Erwachsenenalter. Die Amygdala ist im Gegensatz dazu bereits bei der Geburt ausgereift, und dies übt einen starken Einfluss auf Kinder aus.

3. Die Großhirnhemisphäre und der Neocortex: „das denkende/kognitive Gehirn“

Die beiden Großhirnhälften haben sich vor etwa zwei bis drei Millionen Jahren bei Primaten entwickelt. Ihren Höhepunkt haben sie in den vergrößerten Versionen erreicht, die der Mensch besitzt und zu denen auch der Neocortex gehört, der sich vor annähernd anderthalb Millionen Jahren entwickelt hat. Dieses Gehirn wölbt sich über die beiden älteren Teile. Primaten, insbesondere menschliche, verfügen über höhere kognitive Funktionen. Bei menschlichen Tieren macht der Neocortex etwa zwei Drittel der gesamten Hirnmasse aus, ein wesentlich höherer Anteil als bei anderen Primaten wie etwa Menschenaffen und Affen. Bemerkenswert ist auch, dass ein Wassertier wie der Delphin ein dem menschlichen Hirn ähnliches Gehirn mit vergrößerten Hemisphären hat. Der Unterschied besteht darin, dass beim Delphin jeder Hirnlappen über eine eigene Blutversorgung verfügt, sodass die eine Hälfte des Gehirns schlafen kann, während die andere es dem Delphin ermöglicht, zur Sauerstoffaufnahme an die Wasseroberfläche zu schwimmen! Weiter unterscheidet sich das Delfinhirn durch seine größere Anzahl an Neuronen vom menschlichen Gehirn, was interessant ist – und Stoff zum Nachdenken bietet!

Die großen Hemisphären sind verantwortlich für:

- Sprache
- Abstraktes Denken
- Vorstellungsvermögen
- Planung
- Organisation
- Kommunikation
- Wichtige Rolle bei Sensibilität und Selbstbeschränkung (Neocortex)
- Unbegrenzte Lernfähigkeit

Auch der Elefant hat sowohl eine große Großhirnrinde als auch ein olfaktorisches System (Geruchssinn). Dieses Tier ist für sein unglaubliches Gedächtnis bekannt. Die große Hirnrinde verleiht ihm die Fähigkeit, Informationen zu verarbeiten, zu lernen und sich zu erinnern. Ein Elefant vermag sich an eine Wasserquelle zu erinnern, die er vor dreißig Jahren aufgesucht hat! Diese Gedächtnisfähigkeit zeigt sich insofern, als die älteren Herdenmitglieder die Jungtiere, auf welche die Löwen es abgesehen haben können, besser schützen können als die jüngeren. In landwirtschaftlichen Regionen, in denen es zu Konflikten zwischen Elefanten und Menschen kommen kann, haben Experimente gezeigt, dass sie in der Lage sind, menschliche Dialekte oder Lokalsprachen zu erkennen. Spielte man ihnen den Dialekt von Menschen vor, die die Elefanten bereits einmal angegriffen hatten, war zu beobachten, dass sie vom Schauplatz flohen. Wurden ihnen hingegen andere Dialekte vorgespielt, blieben sie ruhig. Außerdem unterschieden sie bei den angreifenden Volksgruppen zwischen den Stimmen von Frauen und jungen Männern einerseits und denen erwachsener älterer Männer andererseits.

Am 7. Juli 2012 kamen bei der Francis Crick Memorial Conference berühmte Neurowissenschaftler zusammen und veröffentlichten bemerkenswerterweise eine Erklärung, wonach Tiere bewusste Lebewesen sind. Das unterzeichnete Papier ist inzwischen als die „Cambridge Declaration (on Consciousness)“ bekannt. Kurz gefasst besagt sie, dass Tiere ihre Umwelt bewusst wahrnehmen und intentional, also in klarer Absicht, darauf reagieren. Am interessantesten aber ist, dass es darin heißt: „Es besteht kein Grund zu der Annahme, dass Organismen ohne Neocortex keine affektiven Zustände erfahren können.“ Der Neocortex ist selbstverständlich der Teil des Gehirns, der mit „höheren Funktionen“ wie bewusstem Denken befasst ist. Doch selbst ohne Neocortex erleben diese Organismen durch andere, weniger entwickelte Hirnregionen Emotionen und ein Bewusstsein ihrer selbst.

Hier die Erklärung im vollständigen Wortlaut:

> „Wir erklären Folgendes: Es besteht kein Grund zu der Annahme, dass Organismen ohne Neocortex keine affektiven Zustände erfahren können. Übereinstimmende

Beweise deuten darauf hin, dass nichtmenschliche Tiere über die neuroanatomischen, neurochemischen und neurophysiologischen Substrate des Bewusstseins sowie die Fähigkeit zu intentionalem Verhalten verfügen. Daraus folgt, dass neuronale Substrate und das durch diese erzeugte Bewusstsein keine Alleinstellungsmerkmale des Menschen sind. Nichtmenschliche Tiere, darunter Säugetiere, Vögel und viele weitere Lebewesen, wie beispielsweise Oktopusse, verfügen ebenso über neuronale Substrate."

(animal-ethics.org/die-cambridge-declaration-on-consciousness, zuletzt abgerufen am 3.12.2020)

In diesem Kapitel habe ich zu zeigen versucht, wo wir unseren Mitgeschöpfen physisch ähneln und wo wir uns von ihnen unterscheiden. Die Erkenntnis unserer Ähnlichkeiten gibt uns ein Instrument zum besseren Verständnis der Tiere an die Hand.

Da dieses Buch sich im Weiteren stärker auf die esoterische Überlieferung und die Seelenentwicklung konzentrieren wird, möchte ich nicht allzu lange beim klassischen materiellen oder naturwissenschaftlichen Aspekt verweilen – doch da Physisches und Geistiges aufs Engste miteinander verbunden sind, können wir beides nicht voneinander trennen, wenn wir das Gesamtbild verstehen wollen.

Kapitel Vier

Die Entwicklung der Lebenskraft

„Liebe ist die höchste Macht im Universum. Gott ist Liebe. Du bist Teil des Himmels. Du bist Teil Gottes. Das ganze Universum ist das Ergebnis des Impulses zur Liebe. Gott, der höchste Geist, ist ganz Liebe. Der Hauptlebensstrom ist Liebe."

White Eagle*

Wir leben in einem Zeitalter, in dem Wissenschaft auf der einen sowie Religion und Mystik auf der anderen Seite sich einander allmählich annähern könnten. Zwar zeigt sich in der Gesellschaft in großen Teilen immer noch Descartes´ mechanistische Weltsicht, doch Quantenphysik und Stringtheorie zum Beispiel haben diese bereits verlassen. Aus der Quantenphysik lernen wir, dass die Gedanken der Person, die ein Experiment durchführt, dessen Ergebnis auf der Quantenebene beeinflussen. Vertreter der Stringtheorie sprechen von Paralleluniversen und zahlreichen Dimensionen. Heute ist außerdem von einem Quantenfeld oder einer energetischen Matrix die Rede, die beispielsweise uns alle miteinander verbindet. Unter Wissenschaftlern ist es außerdem offenbar zunehmend Konsens, dass wir in einem intelligenten und nicht in einem rein zufälligen Universum leben.

Ich erinnere mich an ein metaphysisches Erlebnis, das

* In *Stella Polaris* Februar/März 1965.

mein Denken dauerhaft beeinflusst hat. Ich saß in einem spirituellen Zentrum inmitten einer Gruppe von Menschen. Wir sprachen über die Zukunft, und es wurden verschiedene Ansichten laut, welche Richtung die Menschheit und die Welt wohl einschlagen werden. Manche waren sehr pessimistisch, andere hingegen vertraten eine positivere Meinung. Während unseres Gesprächs wurde mein Bewusstsein plötzlich hoch über die irdische Ebene erhoben, und ich nahm etwas wahr, was ich nur als die schöpferische Lebenskraft des Universums bezeichnen kann. In diesem Moment konnte ich sehen, dass die Schöpfung ein fortwährender Prozess ist, der sich ständig vollzieht und sich auch weiterhin vollziehen wird – trotz unserer und auch für unsere Existenz. Außerdem wusste ich, dass dies eine Schöpferkraft ist, die sich immer weiter ausdehnen kann und alles Leben in der gesamten Schöpfung umfasst, bis in die kleinste Zelle und das kleinste Atom unseres Seins hinein. Wir haben die Wahl, entweder mit ihr zu arbeiten sowie „organisch" und im Einklang mit ihr zu leben oder uns ihr zu widersetzen, indem wir ihr vorauseilen oder versuchen, sie aufzuhalten. Dies spiegelt sich in der Art und Weise, wie wir unser Leben empfinden. Schöpferkraft und Schöpfung aber bestehen einfach weiter. Über den Verlauf unserer Reise entscheiden wir allerdings selbst: Wenn wir mit dem Universum nicht im Gleichklang sind, können wir sie als lange, schmerzliche und destruktive Zeit erleben. Sind wir hingegen in Harmonie mit ihm, kann unsere Lebensreise froh und friedlich sein. Vor allem aber konnte ich spüren, dass diese Schöpferkraft ganz Liebe ist.

Wenn wir uns die Zeit nehmen und die Natur beobachten, können wir erkennen, wie sich diese Intelligenz in der Schöpfung widerspiegelt. Jeder Same enthält in sich einen intelligenten Entwurf. Aus einer Narzissen-Zwiebel kann niemals eine Lilie wachsen. Aus einem Löwenzahn-Samen kann kein Sauerklee sprießen. Aus einer Eichel wird nie ein Ahorn; und wenn wir versuchen, an einem Keimling zu ziehen, wächst er deshalb nicht schneller, wahrscheinlich wird er sogar nicht einmal überleben. Deshalb muss es so traurig stimmen, dass die Medien uns unerreichbare Bilder und Ideale vorhalten, nur damit wir „das Idealbild" kaufen wollen. Vielleicht fragen Sie sich, warum die Modebranche in einer Welt des Überflusses, in der sehr viele übergewichtig sind,

Bilder von abgemagerten Kindfrauen als beispielhaft hinstellt! Solange wir „nicht gut genug“ sind, können uns die Geschäftemacher zu Sklaven des Verbrauchermarktes in jeglicher Form machen. Das ist gerade so, als ob uns jemand ständig weismachte, man könne ja heute absolut kein Apfel mehr sein, da nach aktueller Beschlusslage nun Bananen in Mode seien. Versprochen wird sogar noch mehr: Wenn Sie „dieses“ oder „jenes“ kaufen, wird aus dem Apfel eine Banane. Bei alledem machen wir alle mehr oder weniger mit. Wie verrückt ist das denn?

Wir sind alle, jede und jeder Einzelne, das Ergebnis eines unglaublich einzigartigen Entwurfs; und als solches müssen wir nichts weiter tun, als diesen Entwurf durch unsere Lebensführung zu verkörpern und zu vervollkommnen. Wenn alles Leben auf unserem Planeten Erde das Ergebnis einer intelligenten Schöpferkraft ist, die, wie die Wissenschaft endlich herauszufinden beginnt, in einer vieldimensionalen Welt existiert, dann müssen wir nichts weiter tun, als von ihr zu lernen und zu leben, indem wir unser ureigenes, einzigartiges Potenzial nach besten Kräften ausschöpfen.

Auch bei einem weiteren Konzept fordern die Mystiker uns zum Überdenken auf: Bei der Zeit. Zeit, so lehren sie, ist in hohem Maße eine Vorstellung einer dreidimensionalen Welt, und außerhalb davon existiert sie nicht. Vielmehr geschieht alles im Jetzt.

In ihrem Buch *Heilung im Licht*, in dem es um ihre Nahtod-Erfahrung geht, bringt Anita Moorjani dies mit den

Worten auf den Punkt: „Ich erkannte, dass die Zeit nicht linear fortläuft, es sei denn, wir benutzen den Filter unseres physischen Körpers und Geistes. Wenn wir nicht mehr durch unsere irdischen Sinne eingeschränkt werden, existiert jeder Augenblick gleichzeitig. ...

Auf der physischen Ebene hingegen sind uns durch unsere Sinnesorgane Grenzen gesetzt. Unsere Augen nehmen auf, was sie in diesem Augenblick sehen; unsere Ohren hören, was sie in diesem Augenblick hören. Das Sinnesbewusstsein kann nur im Einzelmoment existieren und verbindet die einzelnen Elemente zu einer linear fortschreitenden Kette. Aber wenn wir aus unserem Körper herausströmen, durchqueren wir Zeit und Raum mit dem Gewahrsein – nicht mit Sehen, Hören, Berühren, Schmecken oder Riechen. Wir sind reines Bewusstsein."

Da wir jedoch in einer dreidimensionalen Welt leben, sind Zeit und Raum für uns sehr konkrete Vorstellungen, und unsere Sinne sind darin ein wichtiger Bestandteil unseres Selbstverständnisses. Deshalb fällt es uns schwer, unser Bewusstsein zu erweitern und derartige Ideen zuzulassen. Mir persönlich fällt es sehr schwer, so etwas zu begreifen, bedeutet es doch, dass Vergangenheit und Zukunft zur Illusion werden. „Ich als Baby" ist ebenso sehr jetzt wie „ich heute" und „ich als alter Mensch". Alles geschieht jetzt. Ich vermute, ich existiere immer da, wo ich gerade mein Bewusstsein habe.

Eine weitere Idee, die der Überprüfung bedarf, sobald wir unser dreidimensionales Modell von Raum und Zeit verlassen, ist die Vorstellung, dass wir uns im Laufe der Zeit weiterentwickeln und komplexer werden, woraus der Gedanke der Überlegenheit entstanden ist.

Darin behauptet sich das Darwinsche Bild von der Entwicklung vom Affen über den Höhlenmenschen zum modernen Menschen. Wenn wir diesem Bild die Evolutionslinie der anderen Lebenswelten hinzufügen und es im Lichte des einen Gewahrseins des jetzigen Moments betrachten, werden die Vorstellungen von Unterlegenheit und Überlegenheit hinfällig. Die Behauptung, ein Erwachsener sei mehr wert als ein Kind, weil er seine geistigen Fähigkeiten besser entwickelt habe, größer und stärker sei und Haare auf der Brust habe, ist für uns selbstverständlich unsinnig. Doch in den anderen Lebenswelten drückt sich die Lebenskraft ganz genauso in der jeweils angemessenen Art und Weise aus.

White Eagle sagt im Buch *Group Consciousness*: „Das Herz des Universums schlägt in rhythmischem Gesang in der gesamten Schöpfung – im Lied der Vögel, in Duft und Farbe der Blumen, im Wind in den Bäumen, im Himmel und im fließenden Wasser, in Sonnenschein und Regen, in Leben und Tod.“

Kapitel Fünf

Die fünf Lebenswelten und ihr Zweck

„Nicht Gestalt, Größe oder Schönheit, die das Leben annimmt, sind wichtig – das LEBEN an sich ist es, denn das Leben an sich ist Gott in vielen verschiedenen Erscheinungsformen."

Dr. Lascelles

Wenn wir das Konzept des Ewigen Jetzt, wie es im vorangegangenen Kapitel vorgestellt wurde, im Hinterkopf behalten können und anerkennen, dass alles im Kreis des Jetzt geschieht, möchte ich bei meinem nächsten Thema, bei dem es um die fünf Lebenswelten geht, in die Dimension von Zeit und Raum zurückkehren.

Die fünf Lebenswelten

Klassischerweise teilen wir das Leben auf der Erde in vier Welten oder Reiche ein. Diese werden üblicherweise nach dem Grad ihrer Komplexität und/oder des Bewusstseins eingestuft. Die esoterische Tradition fügt jedoch noch eine fünfte Lebenswelt hinzu. Meister DK, bekannt als „der Tibeter", benennt sie durch sein Instrument Alice Bailey in dem Buch *The Animal Kingdom: A Spiritual Perspective* folgendermaßen:

1. Die Mineralwelt
2. Die Pflanzenwelt
3. Die Tierwelt
4. Die Menschenwelt
   und
5. Die Seelenwelt*

In diesem Buch werde ich mich natürlich auf die dritte und vierte Welt konzentrieren, aber um den Entwicklungsprozess durch diese Welten zu verstehen, müssen wir über alle fünf sprechen, zumindest kurz. Wenn wir etwas erklären wollen, müssen wir uns häufig zunächst damit behelfen, dass wir erklären, was es nicht ist. Beginnen wir in umgekehrter Reihenfolge.

Die Seelenwelt

Der Tibeter bezeichnet diese Welt als die Welt oder das „Reich Gottes". In der christlichen Kultur sind wir natürlich mit Jesus und seinen Lehren vertraut, in denen vom Reich Gottes und der himmlischen Welt die Rede ist (wo Christus König ist, wie er sagte). Der Tibeter erklärt:

„Die Welt Gottes ist ... eine große einheitliche Gruppe vom Seelischen durchdrungener Personen, die Liebe und spirituelle Intentionen ausstrahlen, die von gutem Willen ge-

* Er fügt auch noch eine sechste und siebte Welt hinzu; diese sind aber für den Inhalt dieses Buches nicht relevant.

trieben und in der Menschenwelt (der vierten Welt) verwurzelt sind, und die Menschenwelt ist eine Abspaltung von der Tierwelt (der dritten Welt)."*

Für alle, die an Reinkarnation glauben, könnte man sagen, die Seelenwelt besteht aus jenen Männern und Frauen, die durch den Reinkarnationsprozess die Meisterschaft über sich selbst erlangt haben und nicht mehr auf der Erde zu inkarnieren brauchen, es sei denn, sie wollten es, um der Menschheit und/oder den anderen Welten Gottes zu dienen – oder, einfach ausgedrückt: Die Seelenwelt besteht aus den Meistern und Lehrerinnen aller Zeiten.

Die Menschenwelt

Diese Welt ist, wie wir gesehen haben, eine Abspaltung von der dritten Welt, der Tierwelt.

Der Tibeter unterteilt die Menschenwelt in zwei Kategorien:

a) Die Gruppe der Weltendiener. Diejenigen, die sich ihrer Göttlichkeit bewusst geworden sind. Die geistig erwacht sind oder in denen Gottesbewusstsein aufkeimt.
b) Männer und Frauen, die sich ihrer Göttlichkeit noch nicht bewusst sind (die Unerwachten). Sie sind sich in erster Linie ihrer selbst oder des Selbst bewusst. (Ich muss betonen, dass die Wendung „ihrer selbst bewusst" in diesem Zusammenhang mit keinerlei moralischem Unterton

* The Animal Kingdom: A Spiritual Perspective, S. 2.

verwendet wird und nicht mit Selbstsucht zu verwechseln ist.)

Angesichts dieser hierarchischen Betrachtungsweise von Menschen sträuben sich vielen, die dies lesen, vielleicht die Nackenhaare. Noch einmal erinnere ich die Leserinnen und Leser an das ewige Jetzt. Der spirituelle Lehrer White Eagle sagte einmal, man könne die Reife einer Seele unmöglich aufgrund einer isolierten Betrachtung ihrer gegenwärtigen Inkarnation beurteilen. Eine Seele, die wir als „niederes Geschöpf" bedauern, durchlebt womöglich eine Lektion aus einem früheren Leben, bevor er oder sie zum Meister wird. Außerdem sagt White Eagle, dass jemand, der in der Gesellschaft etwas sehr Wichtiges zu bewirken hat, sagen wir einmal ein Politiker oder eine Wissenschaftlerin oder jemand in einer bedeutenden humanitären Position, sich dafür entscheiden kann, ohne spirituelles Bewusstsein zu inkarnieren – da ihn dies von seiner Aufgabe ablenken könnte. Wieder sehen wir, wie sehr wir uns irren können, wenn wir uns von einem linearen, hierarchischen Denken gefangen nehmen lassen. Darüber hinaus, so betont er, können wir das Alter oder die Reife einer Seele nicht beurteilen, weil wir das große Ganze nicht zu sehen vermögen.

Ich muss sagen, dass ich persönlich so manchen „spirituell Suchenden" begegnet bin, die weitaus weniger Bewusstsein und Mitgefühl für ihre – menschlichen oder tierischen – Mitgeschöpfe hatten als viele sogenannte normale Männer und Frauen, die ein scheinbar gewöhnliches Leben führen und dabei oft Akte außergewöhnlicher Güte vollbringen!

Die Tierwelt

Gerade so, wie er die Menschenwelt unterteilt, spricht der Tibeter auch bei den Tieren von zwei Hauptkategorien:

a) *Die Tiere, die den Weg der Individualisierung beschritten haben*

Dabei handelt es sich, dem Tibeter zufolge, um das Pferd, die Katze, den Hund und auch den Elefanten. Anders als der indische Elefant ist der afrikanische nicht in dem Sinne zu domestizieren, wie wir dieses Wort verstehen, doch wenn wir die komplexe Gesellschaftsstruktur und das Bewusstsein afrikanischer Elefanten beobachten, verstehen wir sicher, dass sie zu einer Gruppe von Tieren gehören, bei denen sich ein Bewusstsein ihrer selbst entwickelt.

c) *Die übrigen Tiere*

Dies sind alle Wildtiere (mit Ausnahme des Elefanten) und anderen Herdentiere – einschließlich unserer Nutztiere wie Schafe, Kühe, Ziegen und Kaninchen. Diese Tiere reagieren eher auf ein Gruppenbewusstsein und haben noch kein Bewusstsein ihrer selbst entwickelt. Sie sind in hohem Maße von einer Gruppenseele beherrscht. (An dieser Stelle möchte ich auch erwähnen, dass der Tibeter in dieser Gruppe eine Unterscheidung trifft zwischen den größeren, Fleisch fressenden Tieren wie Löwe und Tiger und den Rudeltieren wie Kaninchen und Nager.) Da die Vogelwelt einer anderen Evolutionslinie folgt, wird sie gesondert behandelt.

Über den Unterschied zwischen dieser Welt und der nächst höheren, der Menschenwelt, sagt der Tibeter: „Das

Tier sieht und hört und funktioniert organisch ganz ähnlich wie der Mensch, aber ihm fehlen das mentale Verständnis und die Verbindung von Ursache und Wirkung, die für die höheren Naturwelten kennzeichnend sind.“

Was die anderen Welten anbelangt, so genügt es in diesem Zusammenhang zu sagen, dass so, wie die Menschenwelt eine Abspaltung der Tierwelt ist, auch die Tierwelt eine Abspaltung der Pflanzenwelt und die Pflanzenwelt eine Abspaltung der Mineralwelt ist. Ja, der Tibeter sagt: „Jede Lebenswelt wirkt im Evolutionsprozess als Mutter der nachfolgenden Welt.“*

Die Gruppenseele

Was ist dann die Gruppenseele? Rudolf Steiner hat zu diesem Thema einen ausgezeichneten Vortrag mit dem Titel „Die Gruppenseelen der Minerale, Pflanzen und Tiere“** gehalten. Darin betont Steiner, dass sich die Seelen der Tiere von denen der Menschen unterscheiden. Er sagt, die Seele des Menschen lebe auf der physischen Ebene, während aber jedes Tier einen physischen Leib, einen Äther- und Astralleib habe, so habe es sein Ich oder seine Seele nicht auf der physischen Ebene. Um das Ich oder die Seele der Tiere zu finden, müssten wir uns auf die Astralebene begeben. Er sagt: „So wie der Mensch hier den Menschen begegnet, kann der Seher auf dem Astralplan

* The Animal Kingdom: A Spiritual Perspective, S. 61

** Vortrag vom 2. Februar 1908 in Frankfurt. Nachschriften einzusehen unter http://steiner-klartext.net/wl.php?target=listen/1908.html, zuletzt abgerufen am 7.12.2020.

ebenso abgeschlossenen Persönlichkeiten begegnen; das sind die tierischen Iche." Er veranschaulicht dies am Beispiel der zehn Finger eines Menschen, die durch eine Wand gesteckt sind. Wir sehen die Finger des Menschen sich bewegen, aber nicht den Menschen, zu dem die Finger gehören. Wir können uns nicht erklären, dass die Finger sich von selbst bewegen können. Es muss etwas geben, das sie bewegt. Er vergleicht die Finger mit den physischen Tieren, die wir auf der Erde sehen, und sagt: „So ist es mit den Tieren in der physischen Welt. Alle gleichgestalteten Tiere haben ein Gruppen-Ich." Was wir also zum Beispiel als Löwen sehen, „sind ... hervorgebrachte Organe des im Astralen lebenden Löwen-Ichs. Das Löwen-Ich, das Gruppen-Ich physischer Löwen, ist ebenso auf dem Astralplan eine abgeschlossene Wesenheit wie wir hier abgeschlossene Wesenheiten sind." Dies gilt für alle Tiergruppen, und jedes Tier auf Erden ist wie einer der durch eine Wand hindurchgestreckten Finger.

Er erklärt: „Diese Bevölkerung des Astralplans ist viel gescheiter als die Menschen. Diese tierischen Gruppen-Ichs auf dem astralen Plan sind sehr weise Wesen." Denken wir nur an den Vogelzug, an die außergewöhnliche Ordnung bei Bienen und Ameisen, an den jahreszeitlichen Zug der Rentiere und Gnus, an das Genie des Bibers, der seinen Damm baut. Wie kann dies alles in Erscheinung treten, ohne dass eine Intelligenz dahinter stünde?

Wie wir gesehen haben, werden also sowohl domestizierte Tiere als auch Wildtiere von ihrer Gruppenseele gelenkt (andere Lehren bezeichnen diese auch als große Deva-Wesen). Es kommt allerdings eine Zeit, in der das Wildtier sein Potenzial verwirklicht hat. Wenn dies geschieht, werden die Tiere näher an die Menschenwelt herangeführt, und durch diesen Kontakt auf den Pfad zu Individualisierung und Entwicklung eines Bewusstseins ihrer selbst geleitet. Das Tier wird zahm, durch den Dienst dieser Tiere am Menschen wird ein Band geknüpft, und es entwickelt sich eine Liebe zwischen dem Tier und dem Menschen. Dadurch wird sich das Tier allmählich bewusst, dass es etwas von der Gruppe Getrenntes ist, mit der Folge, dass es seine Individualität zu entwickeln beginnt. Dies ist insbesondere dann der Fall, wenn das Tier zum Haustier wird. White Eagle sagt, dass diese Liebe und die Hingabe, die das Tier seinem menschlichen Hüter schenkt, so tief werden können, dass das Tier bereit ist, sein Leben für seinen Menschen hinzugeben. Damit scheint er anzudeuten, dass ein solcher Akt der Hingabe das Tier auf die menschliche Evolutionsstufe heben könnte.

Im Kleinen habe ich einen solchen Akt der Hingabe einmal bei meiner Katze Missi erlebt. Sie hatte schreckliche Angst vor Hunden, und sobald sie einen sah, jagte sie die nächstbeste hohe Kiefer hinauf. Oft kletterte sie so hoch, dass wir nicht wussten, wie um alles in der Welt sie je wieder herunterkommen sollte. Aber sie hat es jedes Mal geschafft. Eines Tages kam auf der Straße vor meinem Haus ein deutscher Schäferhund in vollem Tempo auf mich zugerannt. Die kleine Missi vergaß ihre Angst komplett und baute sich etwa fünf Meter vor mir auf. Mit gesträubten Nackenhaaren und aufgestelltem Schwanz machte sie sich so groß und bedrohlich wie sie nur konnte und fauchte so scharf es nur ging. Ich konnte es kaum glauben!

Zu unser beider Glück hat es funktioniert! Der Hund blieb stehen – und nicht nur dies, er versuchte sogar, sich hinter mir zu verstecken, um von der Katze wegzukommen. Was für eine tapfere kleine Person Missi doch war! Etwas in ihr hat die Warnung des Reptiliengehirns vor der Gefahr für ihr eigenes Leben überwunden. Wäre ich ihr Junges gewesen, wäre es ein natürlicher Instinkt. Aber wenn ein Tier dies für jemanden tut, der nicht seiner eigenen Art angehört, dann ist etwas Anderes am Werk. Vielleicht hat sie mich als Mitglied ihrer „Familie" betrachtet – jedenfalls glaube ich immer noch, dass sie von etwas angetrieben wurde, das ihre Instinkte und Ängste außer Kraft gesetzt hat. Ich glaube, es war Liebe.

Ich glaube, die meisten Haustierbesitzer können verstehen, warum der Tibeter sagt, „domestizierte Tiere bilden das Herzzentrum im Leben der Wesenheit, die die Tierwelt beseelt".*

Durch den Kontakt mit Menschen treten die Tiere also ins „Feld der Individualisierung" ein, wie der Tibeter sagt, wo eine allmähliche Ablösung von der Gruppenseele sowie in zunehmendem Maße das Gefühl entsteht, über die Gruppe hinaus ein Individuum zu sein. Dies geschieht, weil durch

* The Animal Kingdom: A Spiritual Perspective, S. 61.

die Interaktion mit den Menschen die mentale Aktivität der Katze oder des Hundes angeregt wird. Die Macht des Denkens befähigt das Tier, ein Bewusstsein seiner selbst zu entwickeln. Dieser Erfolg wird für uns alle spürbar, wenn es uns gelungen ist, unserem Haustier beizubringen, unseren „Befehlen" zu gehorchen. Dazu müssen sie noch nicht einmal ausgesprochen werden. Es kann sich auch um einen telepathischen Austausch handeln. So lernen die Tiere nach und nach, dass auf eine Ursache eine Wirkung folgt, und erwachen zu der bewussten Wahrnehmung ihrer selbst als getrennt von anderen und ihrer Umgebung – mit anderen Worten, zur Individualisierung. Je mehr wir mit ihnen kommunizieren und sie erziehen, desto deutlicher spüren wir, wie sie wachsen und lernen.

Rupert Sheldrake erzählt in Kapitel Acht seines Buches *Der siebte Sinn der Tiere* einige erstaunliche Geschichten über diese telepathische Verbindung zwischen Haustieren und Menschen. So sagt zum Beispiel Nancy Arnold aus Michigan, die fünf Katzen hat, in dem Buch: „Ich brauche nur an eine bestimmte Katze zu denken, und innerhalb einer Minute oder so taucht die Katze an der Tür auf. Für mich ist ihre telepathische Kraft einfach selbstverständlich." Vielleicht erinnern Sie sich an meine Geschichte über Storepus und Oliver in Kapitel Drei; weitere Beispiele dafür finden Sie in Kapitel Zehn.

Dieser telepathische Austausch kann allen Beteiligten Freude und ein Gefühl der Erfüllung schenken. Bei den Tieren kommt der Antrieb dazu häufig durch den Wunsch zu gefallen. Doch möglicherweise vermittelt ihnen auch ihr evolutionärer Weg ein, wenngleich nicht bewusstes, Gefühl von Sinnhaftigkeit und Erfolg. Auch dem Menschen gibt dieser Austausch das Gefühl, einen Weg des Dienens zu erfüllen, angetrieben von der Liebe zu dem, was unsere Verantwortung und Fürsorgepflicht ist. Der Tibeter drückt dies mit den Worten aus: „Dem Menschen ist die Aufgabe übertragen, die Tierwelt zur Befreiung zu führen – zur Befreiung in die vierte Welt (die Menschenwelt), denn diese ist die Sphäre ihres nächsten Wirkens."

Ähnliche Ansichten spiegeln sich in White Eagles Lehren. Zur Frage der Evolution sagt White Eagle: „Die Menschen befinden sich auf einem Evolutionsweg, der am Ende vom menschlichen Gottesbewusstsein (4. Welt) zu einem vollständigen Gottesbewusstsein im Menschen führt (5. Welt). So entwickeln sich auch die Tiere von einem Zustand extrem geringen Lebensbewusstseins zu einem wachsenden Bewusstsein ihrer selbst und des höheren Lebens um sie herum."*

Aber er macht auch deutlich, dass das Haustier durch seine Hingabe an den Menschen zwar ein höheres Bewusstsein entwickelt, dieses jedoch begrenzt ist: „Für uns, die wir die Stufen der Evolution der Tiere in der Materie beobachten,

* *Stella Polaris*, Juni/Juli 1962, S. 97. Die Bezeichnungen der Welten habe ich eingefügt.

steht die Entdeckung eines ***göttlichen*** Bewusstseins in den Tieren erst noch bevor."* Dieses scheint auf die Ebene der Menschenwelt begrenzt zu sein. Allerdings sagt er, dass das Tier „sich durch die Verbindung zum Menschen der göttlichen Liebe bewusst werden" kann.**

Ich möchte dieses Kapitel mit einem Zitat aus Geoffrey Hodsons wunderbarem Buch *Die Engel und die Entwicklung des Lebens* (S. 33) beschließen, mit dem er den zweifachen Sinn oder das duale Ideal der Welten (oder Reiche) erklärt: das des „Bewusstseins" und das der „Form" (physischen Entwicklung):

„So gibt es zum Beispiel auf Erden für jedes Naturreich einen Standard oder ein Ideal, das ebenso dual ist wie der Prozess der Evolution. Im Mineralreich ist das Ideal für das Bewusstsein physisches Gewahrwerden, das für die Form Härte und Schönheit. Das Ideal für das Bewusstsein der Pflanzen ist Empfindsamkeit, also die Fähigkeit, etwas zu spüren, das für die Form Schönheit. Das Ideal für das Bewusstsein der Tiere ist das Gewahrwerden der eigenen Empfindungen und Gedanken, für ihre Gestalt Schönheit. Für den Menschen heißt das Ziel seiner Evolution vollkommene Entfaltung und vollständiger Ausdruck seiner ihm innewohnenden göttlichen Kräfte – Wille soll zu Allmacht, Weisheit zu Allgegenwart und Verstand zu Allwissenheit werden. Im 'verwirklichten' Menschen oder Adepten wirken diese Kräfte

* *Stella Polaris*, Oktober/November 1960, S. 144.

** *Stella Polaris*, Juni/Juli 1962, S. 97.

in bewusster Einheit und vollkommener Harmonie mit dem Schöpfer all dessen, was ist, um so zur Erfüllung seines Plans beizutragen."

Kapitel Sechs

Meeressäuger und Vögel

Manche Leserinnen und Leser fragen sich vielleicht, wo andere Geschöpfe, die weit oben auf der Evolutionsleiter stehen, ins Bild passen, etwa Wale und Delfine oder sogar Vögel. In esoterischer Hinsicht ist von den bekannteren spirituellen Lehrern nicht viel über Meeressäuger gesagt worden. In der sogenannten New-Age-Bewegung gelten sie als alles Mögliche, von fortgeschrittenen Tieren bis zu Geschöpfen mit gottähnlichem Rang.

Interessanterweise hat die Wissenschaft vor Kurzem entdeckt, dass Delfine und Menschen womöglich mehr gemein haben als wir denken. In einem Artikel (in *Nexus*, Vol. 21. Nr. 3) mit der Überschrift „The shared evolution of dolphins and humans“ (dt: „Die gemeinsame Evolution von Mensch und Delfin, *Nexus Magazin* 53, Juni-Juli 2014) lässt uns Frank Joseph wissen, dass die verkümmerten Hintergliedmaßen des Delfin-Embryos in ihrem Erscheinungsbild denen des Menschen bemerkenswert ähnlich sind sowie klar definierte anthropomorphe Schenkel, Waden, Füße und Zehen aufweisen. Außerdem ähneln die Knochen in den Flossen den Knochen in menschlichen Fingern und Daumen. Der Humerus oder Oberarmknochen des Delfins sowie Radius und Ulna (Elle und Speiche) des Unterarms sind unseren sehr ähnlich. In ähnlicher Weise gleichen auch die Knochen der Scapula (des Schulterblatts) beim Delfin ihren menschlichen Gegenstücken; so sind sie nicht im Laufe der Zeit miteinander verschmolzen, um sich an einen stromlinienförmigen Körper anzupassen, sondern wurden durch schweres, fibröses Gewebe miteinander verbunden.

Wie in Kapitel Drei erwähnt, sind auch das Gehirn der Delfine und das menschliche Gehirn einander anatomisch ähnlich. Das menschliche Gehirn wiegt durchschnittlich 1200 Gramm, das des Großen Tümmlers bringt hingegen 1824 Gramm auf die Waage und hat sich über 25 Millionen Jahre entwickelt. Das Gehirn der großen Menschenaffen und der Schimpansen ist im Verhältnis zum Körpergewicht wesentlich kleiner als das des Delfins und des Menschen. Ein größeres Gehirn menschlichen Ausmaßes mit seinem erweiterten Neocortex weisen sonst nur Delfine auf. Forscher der Texas A&M University haben außerdem festgestellt, dass „ein Vergleich der Chromosomen von Mensch und Delfin zeigt, dass der genetische Aufbau von Delfinen dem des Menschen erstaunlich ähnelt". So vermelden es die Online-Wissenschaftsnachrichten des Fernsehsenders Discovery Channel UK unter der Leitung von Seema Kumar. Die Wissenschaftler haben herausgefunden, dass dreizehn von zweiundzwanzig Chromosomen bei Delfinen genau die gleichen sind wie beim Menschen. „Von den verbleibenden neun Delfin-Chromosomen waren viele Kombinationen oder Umgruppierungen ihrer menschlichen Gegenstücke. Außerdem haben die Forscher drei Delfin-Gene entdeckt, die menschlichen Genen gleichen.“

Ob man daraus schließen kann, dass wir einen gemeinsamen Vorfahren haben, sei dahingestellt; dass so viele Ähnlichkeiten bestehen, legt für mich jedoch nahe, dass sich darin eine Ähnlichkeit im Bewusstseinsgrad widerspiegeln könnte. Viele Menschen berichten, sie fühlten sich erkannt,

wenn sie einem Delfin in die Augen schauen. Bei den alten Minoern auf Kreta standen die Delfine offenbar in sehr hohem Ansehen. Um das Jahr 600 v. Chr. stand das absichtliche Töten eines Delfins in Athen unter Strafe. Am 17. Mai 2013 gestand Indien als erstes Land der Welt den Delfinen „nichtmenschlichen Personenstatus“ zu und verbot die Haltung in Gefangenschaft.

Ich glaube, alle Menschen, die einmal eine persönliche Beziehung zu einem Delfin aufbauen konnten, würden bestätigen, in welch hohem Maße sie tatsächlich eigenständige Personen sind. Erzählungen über ertrinkende Seeleute, die von

Delfinen gerettet wurden, reichen über 2000 Jahre bis ins alte Griechenland zurück, und auch heute noch wird davon berichtet.

Auch meine Mutter beharrt darauf, dass es wahr ist. Ihren Besuch bei Delfinen – die leider in Gefangenschaft gehalten wurden – hat sie nie vergessen. Nicht einmal dies konnte verhindern, dass bei ihr bereits ein überwältigendes Gefühl der Liebe ankam, noch bevor sie überhaupt nahe genug bei ihnen war, um sie sehen zu können. Sie ist zwar ein feinfühliger Mensch, doch vor ihrer Reise wäre sie nie auf den Gedanken gekommen, dass Delfine etwas anderes sein sollten als Tiere. Der Besuch bei den Delfinen gehörte einfach zum Ausflugsprogramm.

In ihrem Buch *Bevor wir euch verlassen* berichtet Patricia Cori in bewegender Weise vom Schwimmen mit „Renoir“, einem ziemlich rebellischen Delfin, der als Einzeltier aus dem Meer geholt worden war. Er vertrug sich nicht gut mit den anderen Delfinen im Zentrum, daher kam sein Kontakt zu Patricia für alle überraschend – insbesondere nachdem sie die Trainer gebeten hatte, sich zurückzuziehen und die beiden auf natürliche Weise miteinander kommunizieren zu lassen. Sie sagte: „Es bestand ein ungemein starkes Gefühl des Kontakts, und wir waren beide mittendrin – wir spürten einander. Es war ein magischer Moment des Einsseins. Für uns beide war es ein Moment der Hingabe, der Furchtlosigkeit und des tiefsten Vertrauens, als wir einander völlig preisgegeben waren – wir verspürten dies über Artgrenzen hinweg, von Mensch zu Delfin, von Delfin zu Mensch. Es war ein so unermesslich starker Ausdruck von Liebe, dass ich tatsächlich spüren konnte, wie sie auf unfassbare Weise durch mich hindurchfloss. ... Ich konnte das Delfin-Gefühl als Energie spüren, die durch die Haut, durch die Zellen drang – bis in den Herzstrom hinein."

An späterer Stelle im Buch fügt sie hinzu: „Man spürt die Delfin-Verbindung auf einer sehr tiefen Ebene, auf der das Überbewusstsein allen Lebens jedes Trennungsempfinden überwindet, und dieses Gefühl – dieses Einssein – ist der höchste Zustand glückseliger Hingabe."

Viele berichten nach der Begegnung mit Delfinen und Walen von ähnlichen Gefühlen. Es gibt Menschen, die behaupten, von Depressionen und Suizidgedanken geheilt worden zu sein, ganz zu schweigen von den Erfolgen bei der Begegnung von autistischen Kindern und Kindern mit Behinderung mit Delfinen. Laut Berichten in einer Spezialausgabe über Tiere des Wissenschaftsmagazins *Scientific American* vom Herbst 2015 gibt es für den Nachweis, dass eine *Delfingestützte Therapie* dauerhafte Wirkung hat, noch nicht genügend Studien. Außer Zweifel steht jedoch offensichtlich, wie viel unmittelbare Freude und Vergnügen diese Begegnungen den Menschen bereiten.

Kurz bevor ich dies schrieb, berichteten überregionale Zeitungen von einem Wal, dem eine Plastiktüte über seiner Nase Probleme bereitete. Er schwamm zunächst dicht an ein erstes Schiff heran und stieg auf, als wolle er die Besatzung bitten, die Plastiktüte zu entfernen. Doch die Menschen konnten nicht bis zu ihm nach unten gelangen. Daraufhin schwamm er zu einem zweiten, kleineren Schiff und tat dort dasselbe. Dieses Mal hatte er Glück, und die Besatzung konnte ihn von der Plastiktüte befreien. Zum Dank schlug er kräftig mit seiner Schwanzflosse und schwamm davon. Beide Besatzungen bestätigten, dass die Annäherung eindeutig ein bewusster Akt des Wals war, um Hilfe zu erhalten.

Ähnlich zeigt auch der *Daily Telegraph* (vom 25. Januar 2012) Bilder von einem Delfin, der auf Tauchlehrer Keller Laros zuschwimmt. Laros bezweifelte keinen Augenblick, dass der Delfin zu ihm kam, um ihn um Hilfe zu bitten, und ihm eindeutig zu verstehen gab, dass die Schnur, die sich um seine Schnauze und Schwanzflosse gewickelt hatte, ihm Probleme bereitete. Mithilfe einer Schere aus seiner Taucherausrüstung entfernte Laros die Angelschnur. Der Delfin wartete geduldig, bis er fertig war. Dann schwamm er davon.

Geschichten über Delfine, die Schwimmende vor Haien beschützen, gibt es viele, auch von dem britischen Extremschwimmer Adam Walker. Es gibt Fotos, die zeigen, wie er bei der Durchquerung der Cook Strait zwischen der Nord- und der Südinsel Neuseelands von Delfinen begleitet wird. Er berichtet, eine Schule Delfine habe ihn vor dem Hai beschützt, der bei seinem Durchquerungsversuch mitgeschwommen sei. „Dieses Schwimmerlebnis wird mir immer in Erinnerung bleiben“, bekräftigt Walker.

Aus esoterischer Sicht sagt eine außerirdische Wesenheit namens P'taah, die durch Jani King spricht* und deren Lehren für mich sehr vernünftig klingen, zu diesem Thema: „...das, was Meeressäuger ist, das, was Wal und Delfin ist, ist dieselbe Seelenenergie wie die Menschheit." Er spricht vom Wal als der Überseele der Delfine. Außerdem behauptet er, diese Geschöpfe hätten eine große Liebe zur Menschheit.

Wo also haben die Meeressäuger ihren Platz in der Evolution der Welten? Würde man zu weit gehen, wenn man vermutete, sie gehörten zur vierten Welt – oder vielleicht in eine eigene Evolutionslinie parallel zu der des Menschen?

Auch die jüngeren Arbeiten des russischen Wissenschaftlers Dr. Vyacheslav Ryabov und seines Teams sind sehr interessant. Die Forschungen wurden in der Wissenschaftsstation T.I. Vyazemsky Karadag im Naturschutzgebiet der Russischen Akademie der Wissenschaften in Feodossija auf der Halbinsel Krim durchgeführt. Am 12. September 2016 zitierte die Wissenschaftsredakteurin Sara Knapton vom *Daily Telegraph* aus einem Aufsatz im wissenschaftlichen Fachmagazin *Mathematics and Physics*. Er enthält neue Informationen über die Fähigkeit der Delfine, miteinander zu kommunizieren. Bisher hat die Wissenschaft bereits über tausend verschiedene Pfeiftöne identifiziert, die Delfine je

* Jani King, Botschaften des Lichts: P'taah spricht über persönliche Transformation und die kosmische Bestimmung des Menschen.

nach sozialem Kontext einsetzen. Über die Kommunikation zwischen zwei Individuen weiß man allerdings bisher wenig.

Dazu zeichneten die russischen Forscher an der Wissenschaftsstation Karadag die Interaktion zwischen den Schwarzmeertümmlern Yasha und Yana auf. Dabei stellten sie fest, dass die beiden Delfine abwechselnd einen aus verschiedenen Impulsen bestehenden Satz anhörten, ohne einander zu unterbrechen, und dann antworteten.

Dr. Vyacheslav Ryabov sagte: „Im Grunde ähnelt dieser Austausch einem Gespräch zwischen zwei Menschen. Jeder Impuls, der von Delfinen erzeugt wird, unterscheidet sich vom anderen – im Bereich der Zeit durch sein Auftreten und im Bereich der Frequenzen durch die Menge seiner Spektralkomponenten. In dieser Hinsicht können wir davon ausgehen, dass jeder Impuls ein Phonem oder ein Wort der gesprochenen Sprache des Delfins darstellt. ...

Die Analyse zahlreicher in unseren Experimenten registrierter Impulse hat gezeigt, dass die Delfine abwechselnd Sätze bildeten und sich gegenseitig nicht unterbrachen, was Grund zu der Annahme gibt, dass jeder Delfin den Impulsen des anderen zuhörte, bevor er selbst welche produzierte.

Diese Sprache weist alle in der menschlichen Lautsprache vorhandenen Gestaltungsmerkmale auf. Dies deutet auf ein hohes Maß an Intelligenz und Bewusstsein bei Delfinen hin, und ihre Sprache kann anscheinend als eine hochentwickelte

Lautsprache, ähnlich der menschlichen Sprache, betrachtet werden."*

Die Wissenschaftler stellten fest, dass diese beiden Delfine Sätze mit bis zu fünf „Wörtern" bilden konnten, und Dr. Ryabov behauptet, heute bestehe kein Zweifel mehr daran, dass Delfine eine eigene Sprache sprechen. Nun sei es an der Zeit zu untersuchen, wie man direkt mit ihnen kommunizieren könne.

Die Vogelwelt

In alter Zeit galten die Vögel als Götterboten. Man verehrte sie wegen ihres schönen Gesangs und wegen ihrer Flugfähigkeit, die die Menschen daran erinnerte, dass auch ihr Geist sich danach sehnte, zur Sonne, in den Himmel aufzusteigen – in die wahre Heimat.

In einer seiner „inneren Lehren"** sagt White Eagle: „In der antiken Mythologie verkörperte ein Vogel die Vorstellung von einem Engelsboten. Vögel wurden mit besonderen Seelenqualitäten bei Männern und Frauen verbunden und symbolisierten einen bestimmten Aspekt in der Seele. Bestimmte Eigenschaften in der menschlichen Seele wurden mit Vögeln

* Der Artikel von Vyacheslav A. Ryabov, „The study of acoustic signals and the supposed spoken language of the dolphins", Physics and Mathematics, October 2016, kann hier als pdf heruntergeladen werden: sciencedirect.com/search?authors=Vyacheslav%20Ryabov, zuletzt abgerufen am 9.12.2020 (Anm. d. Ü.)

** Nr. 119, teilweise wiedergegeben in *Das White-Eagle-Engel-Buch*. Dieser Lehre sind auch alle folgenden Zitate entnommen.

oder ein Vogel mit diesen Eigenschaften verglichen. Vögel spielten also eine große Rolle bei der Unterweisung von Männern und Frauen in himmlischen Dingen, in himmlischen Eigenschaften."

In Kapitel Fünf habe ich geschrieben, dass die menschliche Seele eine Mischung aus Tierseele und göttlicher Seele ist. Mir scheint, Vögel erinnern uns an die Eigenschaften unserer göttlichen Seele. Dies klingt auch bei White Eagle an, wenn er sagt: „Vögel stehen also symbolisch für Seelenqualitäten, Ströme der Lebenskraft von Gott, und bilden daher ein Bindeglied zwischen Männern und Frauen und Gott."

Außerdem lehrt White Eagle, dass Vögel in der Evolution eine eigene, besondere Stellung einnehmen. Es kommt wohl nicht sonderlich überraschend, wenn er bestätigt, dass Vögel nicht dem Evolutionsstrom der Tiere folgen. Deshalb befinden sie sich auf einem Evolutionsweg, der sich von dem unseren als Menschen unterscheidet. Er sagt: „Vögel sind vollständig mit der Welt der Natur verbunden, nicht mit der Menschenwelt." Wenn der Vogel seinen physischen Körper verlässt, so erklärt uns White Eagle, befindet er sich in der Elfenwelt. Diese liegt auf der ätherischen Ebene und besteht aus Substanzen, die weniger dicht sind als auf der materiellen Ebene, aber dichter als auf der astralen und mentalen Ebene. Hier leben die Elfen, Zwerge und großen Devas.

Er sagt: „Wenn Vögel sterben, werden sie in der Welt der Natur in Ätherkörpern wiedergeboren. Es steht nicht allzu

genau fest, doch je nach Alter, Größe und Bewusstsein werden sie als Elfen, Zwerge oder Heinzelmännchen wiedergeboren – als das kleine Volk, das die ätherischen Welten bewohnt und dessen Aufgabe hinter dem Schleier der Materie darin besteht, beim Wachstum von Blumen, Büschen und Bäumen behilflich zu sein."

Von hier aus entwickeln sie sich über einen langen Zeitraum auf der Evolutionslinie der Devas oder Engel weiter. White Eagle sagt: „Von der physischen Ebene aus treten Vögel in die unsichtbare Naturwelt ein und werden im Laufe ihrer Höherentwicklung zu Luft- oder Feuergeistern oder zu den Geistern der großen Meere. Schließlich werden sie zu sogenannten Engeln oder Devas und entwickeln sich fort, bis sie die Sonnen-Einweihung durchlaufen und zu Planetenwesen werden."

Der Tibeter äußert ganz ähnliche Ansichten: „Die Vogelwelt ist insbesondere mit der Deva-Evolution verbunden. Sie ist die Brückenwelt zwischen der reinen Deva-Evolution und den beiden anderen Erscheinungsformen des Lebens."*

Wie wir sehen können, sind Vögel Teil des großen Orchesters des Lebens und haben einen herrlichen Weg vor sich – der sich sehr, sehr lange hinziehen kann, aber wie White Eagle sagt: „In dem Moment, da wir von Gott ausgeatmet werden, sind wir alle niedrig und unseres wahren Zustands unbewusst."

Zwischenzeitlich können uns Vögel durch ihre Verbindung zur Engelwelt jedoch vieles über unsere inneren Seelenqualitäten lehren, und indem wir dem Gesang der Vögel lauschen, können wir uns auf die Engel-Schwingung einstimmen, die uns, wenn wir es zulassen, auf eine andere Bewusstseinsebene zu heben vermag. Und wenn sie zum Flug ansetzen, schwingt sich unser Herz in höchste Höhen.

Ein Spaziergang in der Natur oder im Garten zu sitzen und dem Gesang der Vögel zuzuhören, kann zu einer echten Kommunikation mit der Inneren Welt werden. Ich denke

* The Animal Kingdom: A Spiritual Perspective, S. 49.

darüber nach, wie sehr wir diese Kommunikation vergessen haben – in einer Zeit, in der die Leute ihren Hund in der Natur gassi führen und dabei Ohrhörer tragen, die sie mit ihrer Playlist verbinden, oder ihre Augen fest auf ihr Smartphone heften und in den Untiefen ihres Gehirns surfen, statt das Tor zu ihrer Seele zu öffnen und den Botschaften aus der himmlischen Engelwelt zu lauschen, die sich im Gesang der Vögel offenbart.

Wie bei den Tieren gibt es auch bei den Vögeln in höherem und geringerem Maße Komplexität und Bewusstsein. Als den Gipfel der Vogelevolution in physischer Gestalt können wir uns den mächtigen Adler denken, den eleganten Schwan und den majestätischen Albatros, der friedlich und frei am Himmel kreist. Doch wie hinreißend ist es hier in Großbritannien, dem kraftvollen und lauten Gesang des wunderbaren und tapferen kleinen Zaunkönigs zu lauschen oder dem schönen Lied des Rotkehlchens, der Amsel und der Drossel ... Oder denken wir an die schlaue Krähe, die Wissenschaftlern zufolge über das Denkvermögen eines siebenjährigen Kindes verfügt. Jede ein wunderbarer Teil des großen Bilderteppichs namens Leben.

Kapitel Sieben

Tiere und Engel

Der Mensch wird die Engelwelt, die sich über ihm befindet, erst dann ganz kennenlernen, wenn er in Einheit mit allen seinen Geschwistern die Tiere segnet, wertschätzt und sich mit ihnen anfreundet.

Flower A. Newhouse

Aus: Lichtwesen, 3. Auflage 2001, S. 45

Zu den wenigen Dingen, die allen Religionen gemeinsam sind, gehört interessanterweise der Glaube an Engel. In der Bibel gibt es Hinweise auf eine ganze Engel-Hierarchie. Diese finden wir auch in vielen eher vom New Age inspirierten Lehren. Die meisten Leserinnen und Leser dieses Buches werden daher zumindest mit der Idee der Schutzengel und der Erzengel vertraut sein. Sogar in der materiellen Welt – von der Mineralwelt mit ihren Steinen und Bergen bis zur Pflanzenwelt mit ihren Blumen, Büschen und Bäumen – haben alle Dinge, so erfahren wir, ihre eigenen Devas oder Engelwesen. Über Tiere und Engel ist allerdings noch sehr wenig gesagt worden.

White Eagle spricht in seinen Lehren von drei großen Strahlen, die auf unserem Planeten wirken (Weisheit, Liebe und Macht) und aus denen alles Leben kommt. Außerdem sagt er: „Aus einem dieser Strahlen kommt die Engellinie des

Dienens, die sich über alle Welten hinweg mit dem Leben in der Form befasst; denn Leben, Pulsschlag, sogar Wachstum gibt es in der Mineralwelt ebenso wie in der Tierwelt."

In der Mineral- und der Pflanzenwelt kennen wir sie vielleicht als die Elementarwesen oder Elfen und Zwerge. Im Hinblick auf die Tierwelt ist die Literatur spärlicher, wenn man einmal von dem absieht, was wir bereits über die Gruppenseele gesagt haben.

In neuerer Zeit behauptete Diana Cooper, die über zahlreiche spirituelle Themen ziemlich viel geschrieben hat, es gebe einen Erzengel namens *Fhelyai*, der insbesondere mit der Tierwelt arbeite. Sie beschreibt ihn wie folgt: „Er hat eine glorreiche, strahlende, butterblumengelbe Farbe, die zu reinem Weiß wird, wenn er ganz mit einer Aufgabe beschäftigt ist." (*Die Erzengel – deine mächtigen Helfer*, Heyne TB 2018, S. 220). Den größten Einblick ins Thema Tiere und Engelwelt hat aber die verstorbene Mystikerin Flower A. Newhouse gewährt. Sie ist die Gründerin von *Questhaven Retreat*, einem spirituellen Zentrum in Südkalifornien, und hat ausgiebig über Engel geschrieben. Schon als Kind war sie hellsichtig, und ab dem Alter von sechs Jahren hat sie Engel gesehen (siehe S. 239).

An früherer Stelle habe ich über Tiere und ihre Gruppenseele geschrieben. In ihrem Buch *Lichtwesen* erklärt Flower A. Newhouse, die höchsten Engel in der Inneren Welt, die sich für Tiere interessieren, seien die *Aqui*. Diese Engel-Ordnung bezieht sich auf den Gruppengeist.

Aqui-Engel

Flower A. Newhouse zufolge haben diese Engel zwei hauptsächliche Zuständigkeitsbereiche:

1) über die unteren Engelordnungen zu wachen,
2) die Tiere auf die höheren Entwicklungsstufen vorzubereiten.

Sie arbeiten insbesondere mit Tieren, die sich an der Schwelle zum Aufstieg aus der Tierwelt befinden.

Die unteren Engel-Ordnungen, über die die Aqui-Engel wachen, bestehen, soweit es die vierbeinigen Erdengeschöpfe wie Haustiere und andere Säugetiere betrifft, aus zwei Arten von Engeln: den Naturengeln oder *Folatel*-Engeln und den *Budiel*-Engeln.

Die Naturengel oder Folatel-Engel

Flower A. Newhouse erklärt, die *Folatel*-Engel seien für den Formaspekt zuständig; das heißt für das körperliche Wohlergehen der Tiere auf allen Evolutionsebenen. Dazu gehören Nahrung, Obdach, Fortpflanzung und die Fähigkeit der Tiere, bei Gefahr für sich zu sorgen. Diese Engel arbeiten mit dem tierischen Instinkt. Newhouses Lehre zufolge können sich die höher entwickelten *Folatel*-Engel auf eine bestimmte Tiergattung spezialisieren. Als Beispiel nennt sie Tiere, die sich stufenweise von Schakal zu Kojote zu Fuchs und Wolf bis hinauf zum Hund entwickeln. Dieser stufenweise Auf-

stieg der Tierformen von niederen Entwicklungsstufen zu immer höheren Formen ist ihrer Lehre zufolge ein grundlegendes Schema, das für alles Leben auf der Erde gilt. Meiner Meinung nach steht diese Lehre im Einklang mit den Aussagen der meisten anderen esoterischen Lehrerinnen und Lehrer.

Folgendes könnte meinem Eindruck nach ein Beispiel für das Eingreifen eines *Folatel*-Engels sein: Wir hatten einen Windhund, ein Whippet namens Oliver, und ich fand, dass er eine starke mediale Begabung hatte. Als er noch sehr jung war, gingen wir eines Tages am Strand in South Cumbria spazieren. An der Westküste verläuft ein langer sandiger Streifen mit Sanddünen, und bei Ebbe kann man kilometerlang sowohl ins Meer hinaus als auch am Strand entlanggehen. Es war ein schöner, warmer, sonniger Tag bei Ebbe. Nach einiger Zeit wollte Oliver immer weiter ins Meer hinausgehen und unseren üblichen Weg verlassen. Ich verspürte eine seltsame Präsenz oder Schwingung um uns herum, also überließ ich ihm die Führung, um herauszufinden, wohin wir damit kämen. Da es so ein warmer Tag war, hatten wir ohnehin noch keine Lust, nach Hause zu gehen. Nach einiger Zeit sagte ich zu meiner Freundin: „Siehst du den kleinen schwarzen Punkt?“ Offenbar wollte Oliver in diese Richtung. Beim Näherkommen dachte ich, bei der dunklen Gestalt könnte es sich um einen Menschen handeln, doch schließlich sahen wir, dass es ein Tier war. Wir fanden beide, dass wir genauer nachsehen mussten, weil weit und breit kein Besitzer zu sehen war.

Als wir endlich nahe genug waren, um Genaueres sehen zu können, erkannten wir, dass es sich um einen Springer Spaniel handelte. Wir näherten uns vorsichtig und legten Oliver an die Leine, für den Fall, dass der Hund krank oder gefährlich war. Er erwies sich als weder das eine noch das andere, nur absolut erschöpft, durchnässt, die Augen gerötet und kaum noch fähig zu gehen. Ich band meine beiden Schnürsenkel zusammen und machte sie als Leine an seinem Halsband fest. Dann gingen wir ganz langsam zurück zum Strand. Nach einer gefühlten Ewigkeit gelangten wir an ein paar Wasserlöcher mit Frischwasser, die ich kannte, und ich ließ ihn trinken. Danach lebte er förmlich auf und schaffte den ganzen Weg zurück in die Zivilisation. Auf Nachfrage erfuhren wir, dass Leute beim Schwimmen im Meer ihren Hund verloren hatten. Sie hatten einen Ausflug in die Region gemacht und befanden sich nun bereits wieder auf der Heimfahrt. Zwei Stunden hatten sie erfolglos nach dem Hund gesucht und sogar den Tierschutz angerufen und ihn als vermisst gemeldet, für den Fall, dass er wieder auftauchen sollte. Wie sich herausstellte, waren die Mutter und ihre beiden Töchter noch in der Gegend, denn sie hatten es einfach nicht übers Herz gebracht, nach Hause zu fahren und dem Vater zu erzählen, was passiert war. Verständlicherweise wurde es ein sehr tränenreiches Wiedersehen, denn sie hatten geglaubt, er sei ertrunken!

Mir ist, als habe in diesem Fall der *Folatel*-Engel des Hundes Olivers Engel und zweifellos auch unsere Schutzengel alarmiert. Das Resultat war ein großes Happy End. Hätte Oliver nicht reagiert, hätte der schon etwas betagte Hund die hereinkommende Flut nicht überlebt.

Budiel-Engel

Nach Flower A. Newhouse werden diese Engel nur dann zu einem Tier hingezogen, wenn dieses Anzeichen einer aufkommenden Individualität zeigt. Dies tritt ein, wenn ein Tier sich der Schwelle der Domestizierung nähert. Sie erklärt, dass diese Engel dafür verantwortlich sind, die Ausbildung individueller Charakteristika und deren Fortschritt zu begleiten. So arbeiten sie zwar mit Tieren aller Entwicklungsstufen, ihre Hauptsorge gilt jedoch individuellen Charakterzügen, welche die Tiere von völliger Abhängigkeit von ihren Instinkten zu aufkeimender Intelligenz und Entscheidungsfähigkeit führen.

Weiter erklärt sie, diese Engel arbeiteten auch mit den *Engeln des Schicksals* zusammen, welche die Menschen leiten. Das erscheint logisch, denn vom Moment der Domestizierung an sind das Schicksal von Mensch und Tier zunehmend miteinander verknüpft.

Wenn ein Tier seine Entwicklung abgeschlossen hat und bereit ist, die nächste Stufe seiner Reise anzutreten, so berichtet Flower A. Newhouse, „entlässt es der Aqui in die Obhut der *Engel des Schicksals*, der sich um das kümmert, was zur weiteren Entwicklung gebraucht wird".

Ich finde es sehr interessant und tröstlich zu wissen, dass die Tiere ebenso von Engeln umsorgt werden wie wir. Ich bin mir sicher, alle Haustierbesitzer werden beruhigt sein, dass durch die Engelwelt nicht nur für das körperliche Wohlbefinden ihrer Tiere gesorgt ist, sondern auch für ihre persönliche individuelle Entwicklung – fast genauso wie unsere Schutzengel sich um unser Schicksal und unsere Weiterentwicklung kümmern.

In Kapitel Eins habe ich über das Erlebnis geschrieben, als meine Katze Missi in unser Herz kam, zwei Tage nachdem ich sie wegen meines Umzugs nach England in einem neuen Zuhause hatte zurücklassen müssen. Es war ein wahrlich außergewöhnliches Gefühl, und ähnliche Erlebnisse haben mich später zu der Überzeugung gebracht, dass es ihr *Budiel*-Engel gewesen sein muss, der ihre Seele in mein Herz geführt hat.

Ein ähnliches Erlebnis hatte ich, als Minnie Moo verstarb, eine weitere Katze, die ich innig geliebt hatte. Minnie war eine sehr zierliche und schöne langhaarige schwarze Katze, deren Persönlichkeit für ihren winzigen Körper viel zu groß wirkte. Vieles gäbe es über ihr Leben zu erzählen, das offensichtlich Einzigartige ist aber wohl ihr „Tod". Sie gehörte Stephanie Sorrell, die seit vierundzwanzig Jahren mit mir durchs Leben geht.

Minnie hatte mir im Februar, im Alter von dreiundzwanzig Jahren, „gesagt", aufgrund ihrer nachlassenden Gesundheit sei sie bereit zum nächsten Schritt. Doch es sollte noch bis Mai dauern, bis wir übereinkamen, dass wir sie loslassen mussten, damit sie in Würde gehen konnte.

Es war ein gefühlsgeladener, schmerzlicher und doch auch überraschend schöner Tag. Beim Tierarzt erlebten wir, wie ihre Seele nach der ersten Beruhigungsspritze ihren Körper verlies – in eine Decke gehüllt, hielten wir sie im Arm, warteten darauf, dass die Wirkung einsetzte, und sahen zu, wie sie zum letzten Mal den Kopf in Richtung des Sonnenlichts hob, das durch das Fenster hereinfiel, bevor sie „einschlief". Als der Tierarzt ihr die zweite Spritze gab, war sie schon nicht mehr da.

Als wir nach Hause kamen, zündeten wir eine Kerze für sie an und hielten ihre Seele im Licht. Was ich dabei erlebt habe, hatte ich noch bei keinem meiner Haustiere erfahren. Ich sah, wie ihre Energie in eine Deva-Gestalt aufgenommen wurde, die ich nur als reine Schönheit beschreiben kann – nicht nur im visuellen Sinne, sondern als Energie. Ich hörte die Worte: „Es ist vollbracht", und ich wusste, dies bedeutete, dass Minnie ihre Evolution als Katzenwesen nun abgeschlossen hatte und bereit war für die nächste Evolutionsstufe, in welcher Gestalt auch immer. Dann spürte ich, wie dieses schöne Wesen, zu dem sie geworden war, sich in mein Herz ergoss und es mit Liebe und Schönheit erfüllte – und ich fühlte mich mehr als gesegnet! Es war ein sehr bewegendes Erlebnis.

In jener Nacht erlebten sowohl Stephanie als auch ich die Gegenwart dieser schönen Deva-Präsenz, die uns ihr weiches schwarzes Fell um Kopf und Hals legte. Minnie und ihr *Budiel*-Engel waren in gewisser Weise eins geworden. Diese Präsenz fühlte sich in ihrer Qualität ganz ähnlich an wie Missis „Besuch", aber Minnie war nun frei, und ihre Präsenz war so riesengroß wie ihre Persönlichkeit auf Erden und zugleich sehr viel mehr.

Flower A. Newhouse lehrt, dass in ähnlicher Weise auch andere Geschöpfe in die Obhut von Engeln kommen, die der Ordnung der *Aqui* angehören. Sie nennt die *Pentee* als niedrigere Ordnung der *Folatel*-Engel. Sie sind mit der Regulierung der festen Gewohnheiten befasst, welche die zyklischen Erfahrungen der Fische betreffen. Die *Twan* sind eine höher entwickelte Gruppe, die über sämtliche Lebensformen im Wasser wacht, auch über Säugetiere wie etwa Robben, die die meiste Zeit im Wasser verbringen.

Die *Seezal* entsprechen den *Pentee* und legen bei Vögeln die Grundlinien der Fortpflanzung und des Vogelzugs fest. Eine höhere, ebenfalls mit den Vögeln befasste Form sind die

Twilvee. Sie sind Devas, die sich für bestimmte Vogelarten interessieren und entscheiden, wie viele Leben ein Vogel zum Beispiel in einer bestimmten Vogel-Familie zubringen muss.

Abschließend möchte ich in diesem Kapitel etwas dazu sagen, dass die Begriffe „Engel" und „Deva" in verschiedenen Lehren oft synonym verwendet werden. Ich verstehe dies so, dass der Begriff „Deva" (selten auch „Diva") zumeist für die Wesen gebraucht wird, die in Bezug zur Welt der Natur, aber auch zu Vögeln und Tieren und Planetenwesen stehen. Dies ist natürlich stark vereinfacht und meine persönliche Ansicht. Dessen ungeachtet gehören sie alle zur Engelwelt.

In diesem Kapitel habe ich darüber gesprochen, was nach dem Tod mit der Tierseele geschieht. Vielen Haustierbesitzern drängt sich auch die Frage auf, ob wir mit unseren Haustieren in einer Gestalt, die wir erkennen, oder mit der Persönlichkeit, die wir lieben und vermissen, wieder zusammenkommen. Dies ist das Thema des nächsten Kapitels.

Kapitel Acht

Leben Tiere nach dem Tod weiter?

„Die Seelen der Tiere leben nach dem Tod weiter
– eine Zeit lang."

White Eagle

Ich weiß, dass sich viele Haustierbesitzer diese Frage stellen – und viele suchen recht verzweifelt nach Antworten und Trost, weil ihre Trauer nach dem Tod eines tierischen Gefährten häufig ebenso tief sein kann wie um einen geliebten Menschen. Der einzige Unterschied ist wohl, dass man um ein Tier tendenziell kürzer trauert. Weitere Fragen, die sich wie von selbst aus dieser ersten ergeben, sind etwa: „Wohin gehen sie?" und „Reinkarnieren Tiere ebenfalls?" In diesem Kapitel untersuche ich, was unsere Lehrer zu diesem Thema sagen, und ergänze dies um meine persönlichen Erfahrungen.

Zur Frage des Weiterlebens nach dem Tod ist den Leserinnen und Lesern mittlerweile sicher ziemlich klar, welche Haltung ich persönlich dazu habe. Ich spreche von den Geschichten über meine Katze Storepus und über Minnie Moos Hinscheiden. Darüber hinaus erscheint es mir einfach vernünftig, dass das tierische Bewusstsein, wenn es denn eine Evolution des

Bewusstseins ebenso gibt wie eine Evolution der Materie, in der einen oder anderen Form ebenfalls weiterlebt. Für mich ist eher die Frage, welche Form dieses Weiterleben annimmt.

Die beiden wichtigsten Kategorien von Tieren und die Unterschiede im Grad des Bewusstseins der Geschöpfe, die sich entlang der menschlichen Evolutionslinie entwickeln – auf die ich mich in diesem Buch immer dann konzentriere, wenn es um den Evolutionsweg geht – habe ich bereits erwähnt. In diesem Zusammenhang habe ich auch gesagt, dass die Mehrheit der Tiere wieder in die Gruppenseele aufgenommen wird, da sie noch kein Gefühl des Getrenntseins oder ein Gefühl der Andersartigkeit als die Gruppenseele entwickelt haben. Das Wesen des Tieres wird jedoch von den *Aqui* bewahrt und kommt zum Einsatz, sobald das Tier in der Linie, der es angehört, also Nager, Hunde- oder Katzenwesen, auf die nächste Stufe übertritt. Denken Sie an das Beispiel von Flower A. Newhouse über die einzelnen Stufen der Linie der Caniden, also der Hundeartigen: Von Schakal über Kojote zu Fuchs, Wolf und Hund.

Sie sagt: „Im Fall des Todes werden die permanenten Atome jedes Körpers, der als Hülle für ein Tier diente, als ein Kern wichtigen Lebens aufbewahrt und wieder aktiviert, wenn eine erneute Inkarnation bevorsteht. In diesem nächsten Leben wird das Tier auf einer Ebene wirken, die eine Bewusstseinsstufe höher liegt als zuvor, und es wird einen Körper bewohnen, der den letzten übertrifft.“*

* The Kingdom of the Shining Ones, S. 55; dt.: Lichtwesen, S. 43.

Bei der nächsten Tiergruppe, also etwa Katzen, Hunde, Pferde und Elefanten, ist die Situation eine andere, da sie bereits ein Gefühl des Bewusstseins ihrer selbst entwickelt haben, ein gewisses Gefühl des Getrenntseins vom Bewusstsein ihrer Gruppenseele – was bedeutet, dass sie beim Tod zwar ihren physischen Körper verloren, ihre entstehende Individualität oder Einzelseele aber behalten haben, wenn Sie so wollen. Bei allen meinen Tieren und auch bei einigen Tieren meiner Freunde habe ich ihre Gegenwart noch lange nach ihrem Tod gespürt – zugegebenermaßen bei einigen stärker als bei anderen.

Ein wichtiges Element ist hier natürlich die Bindung zwischen Mensch und Tier, wie stark sie ist, und auch der Grad an Individualität, den das Tier entwickelt hat. Als Beispiel fällt mir eine Katze ein, die ich kannte und die Freya hieß. Ihre Mutter war verwildert, und obwohl Freya mit ihrem Schildpatt-Fell und ihren funkelnden smaragdgrünen Augen eine absolute Schönheit war, hatte man bei ihr das Gefühl, dass sie sehr viel mehr zur Welt der Devas und der Natur gehörte als zu einer menschlichen Seelenwelt. Zwar war sie den Menschen in ihrem Haus sehr ergeben, aber zumeist traf man sie unter den Büschen und Bäumen im Garten an. Auch ihre Reaktionen waren stets überwiegend instinktiv. Nachdem sie im Alter von vierundzwanzig Jahren verschieden war, spürten wir sehr lange nichts mehr von ihr.

Das wunderbare Medium Grace Cooke, die ich an früherer Stelle bereits als White Eagles Werkzeug auf Erden und

Gründerin der White Eagle Loge vorgestellt habe, antwortete auf die Frage, wie oft ein Haustier als Persönlichkeit weiterlebt und wie lange es ohne seine Besitzerin oder seinen Besitzer in der geistigen Welt verweilt:

„Die Zeitdauer hängt davon ab, wie viel Liebe sein irdischer Freund dem Tier entgegenbringt. In der geistigen Welt gibt es Zeit, wie wir sie auf der Erde verstehen, nicht. Ich glaube, man kann mit Recht sagen, dass ein verstorbenes Haustier in der geistigen Welt nach vielen, vielen Jahren seinem hingebungsvollen Frauchen oder Herrchen begegnet. Dies muss so sein, weil es dem geistigen Gesetz von Liebe und Glück entspricht. Der Himmel eines Menschen könnte davon abhängen, ob er einen geliebten tierischen Freund wiedersieht.“*

Oder um es mit den dem Schriftsteller Mark Twain zugeschriebenen Worten zu sagen:

„Mein Himmel wird kein Himmel sein,
kommt meine Katze nicht hinein.“

* Aus ihrer Kolumne „Chain of Fellowship“ in der Zeitschrift *Stella Polaris*.

Dass die Wahrnehmung eines Tieres nach dem Tod von der Beziehung zwischen Mensch und Tier abhängt, bestätigt auch Dr. Lascelles, ein weises Geistwesen, das durch das Medium Charles Simpson spricht, der wiederum mit dem Seekers Trust in Verbindung stand. Dr. Lascelles wurde eine ähnliche Frage gestellt: „Werden wir unsere tierischen Freunde nach dem Tod wiedersehen?" Er antwortete: „Ja, das werden wir – immer vorausgesetzt, dass wir sie im Leben geliebt und für sie gesorgt sowie sie zu Herzensgefährten gemacht haben. Die Liebe reicht über die Grenzen zwischen Leben und Tod hinaus – und ihre Wirkung hält an. Deshalb gilt, was du auf Erden geliebt hast, das wirst du auch im künftigen höheren Leben lieben und wiedererkennen. Wenn du jedoch keine besondere Zuneigung zu dem Tier verspürst, wird es auch kein Wiedersehen geben. Dies bedeutet nicht, dass die Tierpsyche nicht weiterlebt. Sie lebt weiter, aber du nimmst sie nicht wahr. Ich versichere dir, dass die Himmel ebenso voller tierischem Leben sind wie eure Erde."*

Zu ihrer Antwort auf die oben erwähnte Frage fügte Grace Cooke etwas hinzu, das Haustierbesitzer zum Nachdenken bringen könnte. Behutsam erinnerte sie die Menschen daran, dass sich auch die Tiere auf einem Entwicklungsweg befinden und ein Festhalten an ihrer Seele nicht immer in ihrem Sinne sein muss. Sie sagte: „Wäre das spirituelle Bewusstsein des Menschenwesens erweitert, würde es erkennen, dass es

* *A Pilgrimage With the Animals*, S. 26.

sein Tier so sehr geliebt hat, dass es seinen Anspruch darauf zum Besten des Tieres, nämlich zu seiner Weiterentwicklung, gerne aufgibt.“

Beim Tod meines Katers Storepus, über den ich im zweiten Kapitel geschrieben habe, fiel es mir recht schwer loszulassen, denn er war so eine besondere Seele. Aber ich wusste, dass ich dankbar sein musste für die Zeit, die er auch nach seinem Übergang noch als mein Lehrer und Gefährte verbracht hatte. Doch als er in eine andere Gestalt hinüberwechselte, wusste ich, dass es an der Zeit war, vorläufig „Lebewohl“ zu sagen, weil er seinem eigenen Weg folgen musste.

Ein weiterer Tod schenkte mir eine ganz andere Erfahrung. Es war, als unser Kater Michael eingeschläfert werden musste, weil er an einem Blutgerinnsel an der Wirbelsäule litt, wodurch die Blutversorgung unterbrochen und beide Hinterbeine gelähmt waren. Die junge Tierärztin, die an einem Samstag um Mitternacht in die Tierklinik gekommen war, war liebevoll und sehr fürsorglich, sagte aber leider, dass man nichts mehr für ihn tun könne. Das war ein großer Schock für uns, denn Michael war erst elf Jahre alt. Er war ein großer schwarz-weißer Tuxedo-Kater (dessen Fell aussieht, als trüge er einen Smoking, Anm. d. Ü.) und hatte Augen wie ein melancholischer Dichter. Ich glaube, in ihm war noch nicht einmal ein Anflug von Gemeinheit, er war einfach acht Kilo pure Herzensgüte. Obzwar ein sagenhafter Kaninchenjäger, hat er doch nie einen Vogel angerührt. Außerdem betete er unsere Katze Minnie Moo an und wurde ihr ergebener Diener! Weil er so hinreißend war, glaubte er, er hieße „Hübscher Kerl", denn so riefen wir ihn immer.

Als wir nach seinem Dahinscheiden aus der Tierklinik nach Hause kamen, zündeten wir eine Kerze für ihn an, wie wir dies normalerweise tun, wenn ein Tier stirbt, und hielten seine Seele im Licht. Aber ich spürte ihn nicht. Am nächsten Tag wiederholte ich das Ritual. Dieses Mal leitete mich einer meiner Geistführer nach Bosham House, unserem Wohnort, als wir ihn als Kätzchen aus dem Tierheim bekommen hatten. Dort hatte er sieben Jahre gelebt. Die 18 Hektar große Parklandschaft mit einer riesigen Kaninchen- und Mäusepopulation war ein idealer Ort für Katzen. Zwar hatte er sich auch an unseren anderen drei Wohnorten bis zu seinem Tod gut eingelebt, doch nun entdeckten wir, dass er danach ausgerechnet hierher gegangen war. Er war dahin zurückgekehrt, wo für ihn seine Heimat und wo er glücklich gewesen war. Hier war sein Himmel, und wir wussten, hier konnten wir ihn im Traum jederzeit besuchen.

Dies dient auch als Beispiel zur zweiten in der Einleitung zu diesem Kapitel genannten Frage: „Wohin gehen sie?" Für Michael wurde das ätherische Gegenstück seines Heimatgartens zu seinem Himmel, wo er ein Weilchen bleiben würde.

Ähnlich sagte auch White Eagle einmal vor einer Gruppe von Menschen in Bezug auf den Verlust eines geliebten Haustiers:

„Wir verstehen den Schmerz, den der Abschied von einer sichtbaren Gestalt bereitet. Wir können nur wenig sagen, um die zu trösten, die von der physischen Gestalt ihres geliebten Haustiers scheiden mussten, aber wir geben euch folgendes Bild: Euer Haustier tollt im himmlischen Leben über Felder und durch Gärten. Es ist sehr glücklich mit seinen Gefährten und merkt kaum, dass es nicht bei Euch ist, denn nachts geht Eure Seele zu ihm, und es ist in fröhlicher Gemeinschaft mit Euch vereint. Oh, denkt an dieses Bild. Es ist wahr, es ist wahr ... es ist wahr! Eure Nacht ist für Euer Haustier Tag, und Euer Tag auf Erden ist für es Nacht. Behaltet dieses Bild und seid dankbar für die Freude dieses kleinen Haustiers, das nicht tot ist, sondern in Gottes Welt weiterlebt.

Wenn Ihr dieses höhere Seelenbewusstsein entwickelt, werdet Ihr wissen, dass Ihr nicht von geliebten Wesen getrennt werden könnt, seien sie nun Tiere oder Menschen."

Stephanie erhielt eine ähnliche Botschaft, als ihr geliebter Kater Massimo verschied. Im Folgenden gebe ich sie wieder.

Eine Nachricht von Massimo aus dem Jenseits

„Es gibt Stufen aus feinstem Gespinst, weicher als unsere Pfoten, die uns in die Berge führen, wo die kühle kristallene Luft süß ist und nach Frieden duftet. Es ist, als streiften seidene Blütenblätter unsere Schnurrhaare. Hinter den Bergen liegt ein strahlender Ort, wo Farben, durchzogen von Silber und Gold, sich um uns legen und uns durchströmen. Das Gras und die Bäume erstrahlen in flüssigem Smaragdgrün.

Hier und da, wo die Schatten auf freundliche, erfrischende Teiche fallen, ruhen unsere Geschwister sich aus. Manchmal sind sie nur zu einem kurzen Besuch hier und nehmen die heilenden Essenzen in sich auf. Wenn sie dann in einem physischen Leben erwachen, erinnern sie sich daran als einen schönen Traum. Dies ist der Ort, an dem wir uns befinden, wenn wir eure Welt verlassen haben. An diesen besonderen schattigen Teichen ergießen die Bäume ihre Liebe in den Boden. Sie sind heilig, wenn sie in eurer Welt sind. Hier leben die Goldenen, weder ganz Mensch noch ganz Tier. Sie sind Lichtkugeln und ähneln den Glasfaserfäden, die in eurer Welt hergestellt werden.

Oh ... und dann gibt es noch Sie, die Große Löwin, die eine Mähne aus Licht trägt, als trüge sie die Sterne des Himmels bei sich. Wenn sie den Kopf bewegt, verstreut sie überall um sich herum Licht wie Funken aus einer Fontäne; und alles, was diese berühren, heilen und verwandeln sie. Sie lindert alle Erinnerungen an Angst und Schmerz ... bis sie verschwunden sind.

Es gibt einen Punkt, an dem das Licht aus diesem strahlenden Ort strömt und zu einer goldenen Bahn wird. Eingeladen von euren Gedanken, gleiten wir im Nu daran herunter, geradewegs in den Kelch eures Herzens. Dort perlen wir in eurem Lachen auf und ergießen unsere Kraft in euren Schmerz. Oh – wir kommen viele Male. Oft, wenn wir in schwierigen Zeiten ganz nah bei euch sind, spürt ihr unsere Abwesenheit am stärksten und weint. Aber euch nahe zu sein, ist uns eine Freude, so wie es auch für euch letztlich eine Freude ist; denn häufig ist das plötzliche Aufwallen eurer Tränen einfach die Erkenntnis unserer Gegenwart.

Stephanie Sorrell

Tiere und Reinkarnation

Daraus ergibt sich die Frage: „Kann mein Haustier in diesem Leben noch einmal zu mir kommen?"

Ich bin überzeugt, dass dies möglich ist. Ich glaube, ich habe es auch selbst erlebt. Außerdem glaube ich, dass es im Sinne der Bewusstseinsentwicklung nur natürlich ist, dass eine entstehende Tierseele reinkarniert, um die nächste Stufe in ihrer Evolution zu erreichen. Ein einziges Leben reicht dazu kaum aus, und so erscheint es mehr als nur natürlich, dass Ihr Tier durch das „Gesetz der Liebe" erneut zu Ihnen hingezogen wird. Ich denke an den Unterschied zwischen Freya und Minnie Moo – zwei Katzen an entgegengesetzten Enden des Spektrums. Es würde mich nicht überraschen, wenn ich erfahren sollte, dass Freyas Inkarnation als Hauskatze ihre erste dieser Art war: Zweifellos würde sie noch viele weitere Leben als Hauskatze benötigen, bis sie dieselbe Bewusstseinsebene erreicht hätte wie etwa Minnie Moo oder Storepus. Beide waren wesentlich weniger instinktiv und wirkten beinahe menschlich, so wie sie alles, was sie taten, durchdachten und abwogen. Ein Beispiel für Minnies Schlauheit hängt mit Thunfisch zusammen. Sie hatte gelernt, dass sie einmal in der Woche eine Dose Thunfisch erwarten konnte. Wir wussten immer, wann es so weit war, denn dann konnte man die „Thunfisch"-Gedankenblase über ihrem Kopf förmlich sehen!

Vergaßen wir es dennoch einmal, konnte sie sich normalerweise verständlich machen; aber wenn dies nicht gelang, hatte sie eine Geheimwaffe! In ihrer Jugend war sie eine Jägerin. Weil sie so klein war, traf es üblicherweise Wühlmäuse oder hin und wieder einmal einen Zaunkönig. Durch Erfahrung lernte sie, dass Zaunkönige bei ihren Menschen eine bestimmte Reaktion auslösten: Hände, die hektisch herumwedelten und sie damit zum Fallenlassen ihrer Beute zu bewegen versuchten, woraufhin eine Dose Thunfisch vor Jägerin und Beute auftauchte. Als Erwachsene wurde ihr klar, wenn Telepathie nicht funktionierte, musste sie nur verschwinden und mit einem Zaunkönig wiederkommen. Sie baute sich vor einem auf, und ihre Botschaft war klar: „Wenn du mir Thunfisch gibst, gebe ich meine Beute frei!" Dies funktionierte jedes Mal; und bis auf eine einzige Ausnahme entkam der Zaunkönig stets unverletzt. Bei diesem einen Mal jedoch blieb ein Flügel in der Katzenklappe hängen und brach in Schulterhöhe. Leider mussten wir den Zaunkönig einschläfern lassen. Als Minnie erwachsen wurde, stand ihr der Sinn nicht mehr nach der Jagd; Jagen war sogar unter ihrer Würde! *Eine* Ausnahme machte sie allerdings. Wir saßen im Garten und sprachen darüber, dass uns Michaels Jagdtechniken Sorge bereiteten, insbesondere angesichts der Unzahl Kaninchen auf dem Areal. Minnie, die dabei war, musste uns zugehört haben. Auf ihre einzigartige, vornehme Art schritt sie zielstrebig über den Rasen, um nur wenige Minuten später mit einer Maus zurückzukommen, die sie tötete und genau vor Michael ablegte, als wollte sie sagen: „Schau her, junger Mann, so macht man das!"

Doch kommen wir wieder zum Thema Reinkarnation zurück. Als Minnie mit zehn Jahren nach Bosham House kam, vermisste sie nicht nur ihr „Herrchen", Stephanies Ex-Mann, bei dem sie während des vorangegangenen Jahres gelebt hatte, der sie aber wegen eines Umzugs nicht mehr behalten konnte, sondern sie gab uns auch sehr deutlich zu verstehen, dass sie ihren männlichen Gefährten vermisste, den Kater, der vor einem Jahr gestorben war. Ich schloss einen Pakt mit ihr, dass wir einen neuen Freund für sie finden würden, sobald ich von meiner nächsten Besuchsreise nach Norwegen wieder zurück wäre.

Es gehört zu dieser Geschichte, dass ich vor meinem Wegzug aus Norwegen eine junge Katze namens Maja verloren hatte. Ich will hier nicht ins Detail gehen, sondern nur erwähnen, dass die Umstände ihres Todes nicht einfach waren, mir aber gesagt wurde, sie werde schon sehr bald wieder zu mir kommen. Eines Tages entdeckten wir bei einem Besuch in der Nachbarstadt den Prospekt eines Tierheims an der Südküste, das Katzen vermittelte. Ich hatte sofort den Eindruck, dass wir dort meine Katze finden würden. Aber ich vergaß es wieder, und als Minnie nach meiner Rückkehr aus Norwegen drei Wochen lang kein Wort mit mir sprach, wusste ich, dass *sie* mein Versprechen nicht vergessen hatte. Wir entdeckten, dass es auch ganz in der Nähe ein Tierheim mit Katzenvermittlung gab und dachten, super! Das war einfacher, als an die Südküste zu fahren. Allerdings stießen wir auf ungeheuer große Schwierigkeiten, es war, als müsse man mit dem Kopf durch die Wand – und so kamen wir überein, dass dies eindeutig nicht das Richtige war. In diesem Moment erinnerte ich mich an mein Erlebnis mit dem Prospekt. Also fuhren wir dorthin. Wir sagten ihnen, wir hätten gerne ein junges Kätzchen, und sie hatten einige im Angebot. Gleich als Erstes wurde uns ein Geschwisterpärchen gezeigt, die just an diesem Tag angekommen waren: Der eine war ein schwarz-weißer-Tuxedo-Kater. Als ich ihn in den Arm nahm, schmiegte er sich voller Vertrauen an meine Wange, und bei seinen traurigen „Dichteraugen" wussten wir einfach, dass er zu uns gehörte. Wir sagten: „Wir nehmen ihn." Beim Gehen merkte ich, dass ich gar keine anderen Katzen oder Kätzchen angeschaut hatte, und mir kamen Zweifel. Vielleicht hatten wir vorschnell gehandelt, und „meine" Katze war unter den anderen. Ich wollte schon zurückgehen, da sagte etwas in mir: „Du kannst ihn nicht im Stich lassen!" Also überlegte ich es mir wieder anderes. Der Papierkram war schnell erledigt, und uns wurde ein Hausbesuch innerhalb der nächsten zwei Wochen angekündigt.

Zwei Wochen vergingen, und niemand rief an. Allmählich wurde ich unruhig. Dann hatte ich einen äußerst lebendigen Traum, wonach die Papiere des Kätzchens verloren gegangen waren. Wir riefen beim Tierheim an, und dort hieß es, es gebe keine Unterlagen, denen zufolge wir das kleine schwarz-weiße Katerchen adoptieren wollten. Zum Glück war er noch da, und als wir der Leiterin erklärten, was für eine weite Fahrt es für uns bedeutete, wenn wir noch zweimal dorthin müssten, meinte sie, sie würde uns den Hausbesuch erlassen. Also füllten wir die Papiere ein zweites Mal aus, unterschrieben und konnten Michael mit nach Hause nehmen. Minnie war wieder glücklich. Tatsächlich hatte sie in dem Moment, in dem wir den Adoptionsprozess angestoßen hatten, auch wieder angefangen, mit mir zu „sprechen". Was Michael anbelangt, besteht keinerlei Zweifel, dass er unsere Katze war. Er liebte uns vom ersten Moment an – voller Vertrauen, als wäre es schon immer so gewesen. Außerdem betete er Minnie an und wurde ihr ergebener Diener. Ja, Minnie und er wurden unzertrennlich. Die Tierärztin nannte sie *Little* und *Large* nach dem gleichnamigen britischen Komiker-Duo, denn Minnie wog drei Kilo und Michael acht!

Hier folgt ein weiteres Beispiel für die Rückkehr eines Haustiers: In dem Sommer, in dem Missi starb, sah ich in einer Meditation, dass mir eine schwarz-weiße Katze in den Schoß gelegt wurde. Ich habe das damals völlig ausgeblendet, denn wir hatten bereits drei Katzen und wollten eigentlich keine vierte bei uns aufnehmen. Ich wollte wirklich überhaupt nichts davon wissen. Auch als ich ein paar Monate später erfuhr, dass Missi in jenem Sommer in Norwegen im Alter von zwanzig Jahren gestorben war, konnte ich keine Verbindung herstellen. (Ihre neuen Besitzer hatten mich freundlicherweise auf dem Laufenden gehalten, wie es ihr ging.)

Rückblickend wurde mir klar, dass dies ungefähr zu der Zeit geschehen sein musste, als ich die Katze in meiner Meditation gesehen hatte. Im November desselben Jahres verloren wir den Tuxedo-Kater Michael, und kurz vor Weihnachten sah ich einen jungen schwarz-weißen Kater im Vorgarten herumspringen. Bei seinem Anblick machte mein Herz einen Satz. Wie sich herausstellte, war er als Jungtier entlaufen. Die Mutter unserer Nachbarin hatte ihn gefunden, und da sie ihn nicht behalten konnte, erklärte sich ihre Tochter nebenan bereit, ihn als Spielgefährten für ihren kleinen Sohn zu übernehmen. Sie nannten ihn Bob. Kurz gesagt, sie konnten sich nicht wirklich gut um ihn kümmern und ließen ihn übers Wochenende draußen in der Kälte, sodass er oft in unserem Schuppen – und später in unserem Wintergarten – Schutz suchte. Sobald er einmal hineingekommen war und gelernt hatte, die Katzenklappe zu bedienen, machte er uns klar, dass er bei uns bleiben wollte. Aber aus Respekt vor unserer Nachbarin versuchten wir, ihn nicht dazu zu ermuntern. Letztendlich jedoch fanden wir, dass er schlicht vernachlässigt wurde, und schlugen behutsam vor, ihn zu uns zu nehmen. Aber nein, sie wollte ihn behalten. Schließlich weigerte er sich, ihr Haus zu betreten. So kamen

Mutter und Sohn eines Tages mit seinem Körbchen und seiner Decke und sagten: „Ihr könnt ihn behalten!"

Minnie, die ja Michael verloren hatte, war gastfreundlich zu ihm, obwohl sie schon recht gebrechlich wurde. Aber sie nahm ihn vorerst an seiner Stelle an, und er respektierte dies und akzeptierte sie als seine Mentorin. Trotz dieses etwas holprigen Starts war er eine sehr feine, schöne Seele und hatte die exquisitesten, fast türkisfarbenen Augen, die jedem bei seinem Anblick sofort eine Bemerkung entlockten. Noch nie hatte ich eine Katze gehabt, die so umgänglich war. So ungemein selbstständig und anspruchslos er war, so zugewandt war er auch. Er wurde ein innig geliebter Gefährte.

Eines nachts wusste ich plötzlich, wer er war. Ich hatte ein paar sehr stressige Tage hinter mir und war ziemlich aufgewühlt. Zweimal bin ich in jener Nacht aufgewacht und habe Missi im Bett auf mir stehen sehen. Ich sagte: „Missi, das bist ja du!", und streichelte sie. Als ich die Augen öffnete, sah ich, dass Bobby, wie wir ihn nannten, über mir stand. Ich schlief wieder ein, aber das Ganze wiederholte sich. Im Halbschlaf murmelte ich „Missi!", da es sich anfühlte und aussah, als sei sie es. Aber wieder stand Bobby über mir. Dieses Verhalten war allerdings typisch für Missi. Wenn ich Schmerzen hatte oder aufgewühlt war, wich sie mir so lange nicht von der Seite, bis sie wusste, dass es mir wieder gut ging. Auf diese Weise hatte sie mir gezeigt, dass sie Bobby und immer noch meine „Heilkatze" war.

Dies brachte mich ins Nachdenken, wie ähnlich sie und

Bobby einander waren – nicht der Fellfarbe, aber ihrer Seelenqualität nach. Auch meine Meditation im Jahr ihres Todes fiel mir wieder ein. Außerdem fiel mir auf, dass beide „entlaufen" und durch jemand anderen zu mir gekommen waren. Bobby blieb acht Jahre bei uns und verschied dann so leicht, wie er gelebt hatte – fast ebenso viele Jahre wie ich bei meiner lieben Missi verpasst hatte!

Solche Eindrücke einer Reinkarnation werden durch die inzwischen verstorbene esoterische Astrologin und Begründerin der *White Eagle School of Astrology*, Joan Hodgson, offenbar bestätigt. Joan war auch eine wunderbare Heilerin und intensiv am Aufbau der Heilungsarbeit in der White Eagle Loge beteiligt, sowohl am menschlichen als auch am tierischen Zweig. In der Ausgabe vom Oktober/November 1982 der Zeitschrift *Stella Polaris* schreibt sie:

„Tiere, die geliebt werden, gehen nicht weit fort, sondern leben im Zuhause ihres Herrchens oder Frauchens in der geistigen Welt und sind im Schlaf bei ihnen. Die geistige Welt durchdringt die physische Welt auf das Engste, fast wie Wasser einen Schwamm durchdringt. Ihr liebes sterbendes Haustier bemerkt kaum einen Unterschied, außer dass das Leben sehr viel mehr Spaß macht und es ihm besser geht.

Ich weiß noch, wie ich voller Kummer dem Sterben einer geliebten Hündin zusah; und doch war es auch ein schönes Erlebnis. Bei ihrem letzten Atemzug spürte ich plötzlich, dass ein lieber Verwandter in der geistigen Welt dicht bei mir stand und einen leisen Pfiff ausstieß. Dabei sah ich, wie

Mandy sich aus ihrem toten Körper erhob und sich streckte, genau wie sie es nach dem Aufwachen tat. Dann schüttelte sie sich kurz und ging schwanzwedelnd auf ihn zu, quicklebendig und voller Freude, ganz so, als ginge sie auf einen schönen Landspaziergang. Noch lange danach spürten wir sie oft an ihren alten Lieblingsplätzen im Haus und wussten, dass sie eigentlich gar keinen Unterschied bemerkte. Ich bin fest davon überzeugt, dass die Liebe, die Menschen den Tieren entgegenbringen, diesen in ihrer Entwicklung hilft, und dass sie recht häufig reinkarnieren und zu einem bestimmten Zeitpunkt in einem neuen Körper wieder zum selben Herrchen oder Frauchen zurückkehren."

Tiere und Karma

In der Menschenwelt ist die Idee des Karma eng mit der Vorstellung von Reinkarnation verbunden, und viele fragen sich wohl, ob Tiere dem Karma unterliegen. Bei meinen Studien habe ich festgestellt, dass die meisten spirituellen Lehrer im Allgemeinen lehren, Tiere seien dem Karma nicht unterworfen. Dies ist insofern nachvollziehbar, als man ohne ein Bewusstsein seiner selbst nicht von einem freien Willen oder freier Entscheidung sprechen kann. Wie sollte man auch dem Karma unterliegen, wenn man kein klares Bewusstsein für die Konsequenzen seines Handelns hat?

Flower A. Newhouse macht allerdings eine Ausnahme, nämlich bei „fortgeschrittenen Tieren", die domestizierte

Haustiere geworden sind. Bei ihnen, sagt sie, bestehe eine Parallele zu dem, was man in der Menschenwelt als Karma bezeichnet. „Gelegentlich zeigt ein Elefant, ein Pferd, eine Katze oder ein Hund Spuren extremer Grausamkeit oder Bosheit. In einem solchen Fall wird das Geschöpf immer wieder 'auf den alten Platz' gestellt, auf dem seine Konflikte entstanden, bis diese zerstörerische Kraft verschwunden ist."* Ich persönlich glaube nicht, dass wir dies als Karma im üblichen Sinne einstufen können. White Eagle macht deutlich, dass Tiere nicht dem Karma unterliegen und etwaige Aggressionen bei ihnen durch die Menschheit ausgelöst werden. Ich würde dies als Prägung durch das menschliche Bewusstseinsfeld bezeichnen. Wenn sich also das Bewusstsein der Menschen verändert, wird sich auch das Verhalten der Tiere ändern.

An dieser Stelle erscheint es lohnend, ein Thema anzusprechen, das viele Menschen beschäftigt: Kann zum Beispiel eine Katze als eine andere Tierart wiederkehren, sagen wir als Hund? Diese Frage wurde auch White Eagle einmal gestellt, und er antwortete sinngemäß, dies sei durchaus schon vorgekommen, die Regel sei es aber nicht.

Zu der Frage, wie oft ein Tier in einer neuen Inkarnation wiederkehrt, fährt Flower A. Newhouse im selben Buch fort, dies werde von den *Aqui* geplant: „Bei Pferden, Affen, Elefanten, Hunden und Katzen mögen Jahre vergehen, bevor sie wieder auf die Erde zurückkehren. Tritt ein Tier zum

* The Kingdom of the Shining Ones, S. 55; dt.: Lichtwesen, S. 43.

letzten Mal in ein physisches Leben ein, wird es ebenso sorgfältig beobachtet wie ein Schutzengel über seinen Schützling wacht."

Ich möchte dieses Kapitel mit einem Gedicht beschließen, das Stephanie empfing, als ich glaubte, ich würde Missi verlieren:

Warum den Tod fürchten? (Missis Gedicht)

Warum den Tod fürchten?
Wenn ich mich ihm doch schon zahllose Male überlassen
und stets nur Wiedergeburt gefunden habe?
Ich habe keine Angst.
Hast du das uralte Gesetz vergessen,
dass wir im Sterben eigentlich werden,
was wir wirklich sind?
Du wirst mich nicht verlieren.
Denn mein Geist ist die Ewigkeit, die jeden Morgen
aufgeht
und deinen Tag erhellt.
Ich muss auf nicht auf die Reise gehen,
denn ist nicht Liebe das Ziel?
Und bin ich nicht bereits und für alle Zeit
in deinem Herzen?

Stephanie Sorrell

Kapitel Neun

Das Leiden der Tiere

Die Ausübung von Gewalt an der Tierwelt kann der Menschheit nichts Gutes und keinen Segen bringen. Schützt die Tiere vor mutwilliger Grausamkeit. Was der Mensch austeilt, das wird er empfangen.

White Eagle

Das Thema Tierleid ist für die meisten Tierfreunde extrem schwierig auszuhalten und zu besprechen. Aber wir wissen, dass Grausamkeit vorkommt, und um sie abzustellen, muss sie ans Licht gebracht werden. Nichts wird sich ändern, solange es durch unser Schweigen im Dunklen bleibt.

Wir müssen von all den hübschen Katzen und Hunden in Ländern wie China und Vietnam erfahren, denen um ihres Felles oder Fleisches willen bei lebendigem Leib die Haut abgezogen wird. Wir müssen vom Leiden der Käfigbären erfahren, die wegen ihrer Galle schrecklichen Qualen unterzogen werden, oder von den chinesischen Wildtigern, die in engen Käfigen gehalten werden und denen jedes auch nur annähernd normale Leben vorenthalten wird, um aus ihnen „Tigerwein" und Fleisch zu gewinnen. Wir müssen von den Sauen erfahren, die in Schweinemastbetrieben in so engen Kastenständen gehalten werden, dass sie sich kaum bewegen können. Wir müssen von den absolut inhumanen Transporten erfahren, die Nutztiere wie Pferde und Rinder ohne Futter und Wasser sowie häufig mit gebrochenen Gliedmaßen überstehen müssen, nur um am Ende einer langen Reise, häufig quer durch einen ganzen Kontinent, geschlachtet zu werden.

Die Organisation *Compassion in World Farming*, die sich für das Tierwohl von Nutztieren und insbesondere gegen den Export lebender Tiere einsetzt, berichtete in ihrem Newsletter vom Mai 2016: „Stelle dir vor, du treibst alleingelassen auf einem Schiff mitten im Meer. Die überwältigende Angst, die erstickenden Ausdünstungen. Der vergebliche Kampf. Vor zwanzig Jahren haben an die 7000 Schafe dieses Schicksal erlitten. Zigtausende weitere sind seither bei Lebendtransporten auf tragische Weise verendet. Und doch ist dieser grausame und völlig unmenschliche Handel bis heute erlaubt und findet tagtäglich statt. Noch im selben Jahr ertranken 1592 Rinder, als ihr Schiff auf dem Weg nach Osaka sank. …"

So geht es in dem Bericht weiter, geschildert werden ähnliche Fälle aus der ganzen Welt. Aber ich glaube, wir haben verstanden, worum es geht; und die meisten Leserinnen und Leser werden wahrscheinlich mit mir der Meinung sein, dass dies ein Ende haben muss.

In den Vereinigten Staaten lässt man sogenannte „downed cows", also Rinder mit gebrochenen Beinen oder gebrochenem Becken, unter haarsträubenden Bedingungen ohne

Wasser oder medizinische Versorgung liegen. Nicht minder dringlich ist das Leiden der Meerestiere. Eine unverantwortliche hohe Anzahl von Walen und Delfinen verfangen sich in Fischereinetzen und kommen dadurch um. In den Medien ist in letzter Zeit der Plastikmüll im Meer und der Schaden, den er für Tiere anrichtet, in den Fokus gerückt. Bekannt ist dies schon lange, doch erst vor Kurzem hat sich herausgestellt, dass es Auswirkungen auf die Nahrungskette und damit auch auf die Nahrungsmittel hat, die wir als Menschen essen. Dies war ein lauter Weckruf, sowohl für die Politik als auch für die Bevölkerung. Der Nachrichtenkanal der BBC widmete einen ganzen Tag dem Thema Plastikmüll und zeigte dabei auch einen Film aus Norwegen. Darin war zu sehen, wie ein toter Wal vor der norwegischen Küste an Land gebracht und sein Magen geleert wird. Im Mageninhalt befand sich eine gigantische Menge an Plastik, von schwarzen Mülleimerbeuteln über Plastik-Tragetaschen bis zu Flaschen, Drehverschlüssen und so weiter. Als Todesursache stellte sich heraus, dass das Plastik die Verdauungswege blockiert und damit dazu geführt hatte, dass das Tier bei vollem Magen verhungert war.

Ich persönlich bin mir dieses stetig wachsenden Problems sehr bewusst, denn nach jeder Sturm- oder Hochflut wird hier in Cumbria eine neue Plastikmüllflut an unseren Strand gespült. Einige Anwohner haben untereinander schon vereinbart, dass wir immer eine Tüte bei uns haben und jeden Tag beim Hundespaziergang ein wenig davon auflesen. Wie wir in Norwegen sagen: „'Jedes bisschen hilft', sagte die Maus, als sie ins Meer pinkelte."

Ein weiteres gravierendes Problem sind die mehrere hundert Dezibel lauten Schallwellen, die das Militär im Meer erdröhnen lässt, und ihre Auswirkungen auf die Meeressäuger. Diese Geschöpfe reagieren sehr empfindlich auf Schall- und Infraschallwellen, die wir nicht hören können (und die doch in der Umgebung von Windfarmen bei Menschen Kopfschmerzen und Migräne auslösen sollen). Die Zeitschrift *Scientific American* antwortet unter der Rubrik *EarthTalk* auf die Leserfrage „Bringt das Sonar des US-Militärs die Meeresfauna um?", im Januar 2005 seien zum Beispiel an den Outer Banks in North Carolina während einer in der Nähe stattfindenden „Sonar-Schulung vor der Küste" vierunddreißig Wale unterschiedlicher Arten gestrandet und verendet. Dies sei nur einer von vielen Fällen an amerikanischen Küsten, heißt es in dem Artikel.

Die Umweltschutzorganisation *Natural Resources Defence Council* (NRDC) hat sich in Kampagnen vehement für das Verbot dieser Technik in Gewässern mit reichhaltiger Meeresfauna eingesetzt. In ihren Mitteilungen sagt die Organisation, die sichtbaren Wal-Strandungen stellten wahrscheinlich nur einen kleinen Bruchteil des Preises dar, den das Sonar fordert, da es schwer verletzte Tiere kaum bis an die Küste schaffen dürften.

In dem Verfahren gegen die US-Marine, das die Organisation 2005 zusammen mit Gruppen wie dem IFAW (International Fund für Animal Welfare), der *League of Coastal Protection*, der *Cetacean Society International* und der *Ocean Future Society* angestrengt hat, zitiert sie in der Klageschrift aus Dokumenten der US-Marine, wonach durch diese Tests schätzungsweise 170 000 Meeressäuger umkommen sowie über 3500 Wale dauerhafte Verletzungen davontragen, ganz zu schweigen von der vorübergehenden Ertaubung bei mindestens weiteren 8000 Tieren! Zwei untere Gerichte bestätigten zunächst die Vorwürfe der NRDC, der Supreme Court gestattete der US-Marine mit seinem Urteil jedoch weiterhin Einsatz von Mittelfrequenz-Sonaren aus Gründen der nationalen Sicherheit.

(Auch die deutsche Ausgabe des Wissenschaftsmagazins, *Spektrum der Wissenschaft*, berichtet immer wieder über die schädlichen Auswirkungen von Sonaren auf Meeressäuger, so etwa 2016 über ein Gerichtsurteil, wonach ein Spezial-Sonar der US-Marine aus diesem Grund nicht mehr eingesetzt werden darf.)*

Weitere Fälle von Strandungen werden in Patricia Coris bereits erwähntem Buch *Bevor wir euch verlassen* beschrieben. Sie erklärt, wie sie auf mediale Weise von einem Wal auf die Strandungen von Walen und Delfinen in den Gewässern

* [https://www.spektrum.de/news/sonar-der-us-marine-verstoesst-gegen-naturschutzbestimmungen/1417046, zuletzt abgerufen am 15.12.2020]. Die zugrunde liegende Klage des NRDC hatte sich gegen extrem laute Niederfrequenzsonare gerichtet. Nach einem elfjährigen Weg durch alle Instanzen urteilte das neunte Berufungsgericht in Kalifornien, dass die fragliche Technik in dieser Form nicht mehr eingesetzt werden darf. Weiterhin zur Anwendung kommen aber andere Sonargeräte der US-Marine und von Erdölfirmen auf der Suche nach neuen Vorkommen. (Anm. d. Ü.)

um Australien und Neuseeland aufmerksam gemacht wurde. Sie stellte sich die Frage, die wir uns alle ebenfalls stellen müssen: Was bringt eine intelligente Art dazu, einen solchen Akt kollektiven Suizids zu begehen? Es steht zu hoffen, dass andere Länder dem Beispiel Indiens folgen und Delfinen Personenstatus zuerkennen. Dies hätte auch Konsequenzen für den militärischen Einsatz von Sonar- und Strahlungsgeräten, da dann ja Nichtkombattanten wie Delfine betroffen wären.

In unserem unmittelbaren Umfeld in Großbritannien erfahren wir aus den Medien von Tieren, die unter entsetzlichen Bedingungen gehalten oder vernachlässigt werden und dadurch abmagern und erkranken. Leider sind daran auch Menschen beteiligt, die Tiere eigentlich mögen und sie bei sich aufnehmen, aber nicht mit ihnen zurechtkommen und sich scheuen, um Hilfe zu bitten. Statt Rat einzuholen, verschließen sie die Augen vor der Realität – mit katastrophalen Folgen für die Tiere. Zum Glück hat in Großbritannien die RSPCA (Royal Society for the Prevention of Cruelty to Animals, Königliche Gesellschaft zur Verhinderung von Grausamkeit gegenüber Tieren) das Recht einzugreifen.* Aber wie viel geschieht unbemerkt, und wie viel Leid müssen die Tiere ertragen, bevor wirksame Maßnahmen ergriffen werden?

Darüber hinaus gibt es die bewusste Grausamkeit, wie sie

* In Deutschland sind die Veterinärämter befugt einzugreifen, wenn Tiere schlecht gehalten oder gequält werden. In der Schweiz ist der Schweizer Tierschutz STS der Ansprechpartner, der sich dann an die örtlich zuständigen Vollzugsbehörden wendet. In Österreich sind die jeweiligen Bezirkshauptmannschaften zum Eingreifen berechtigt. (Anm. d. Ü.)

etwa durch geheime Filmaufnahmen in einer Hühnerfarm in Kentucky vor etlichen Jahren enthüllt wurde, wo Angestellte Hühner wie Baseball-Bälle benutzt und zum „Spaß" gegen die Wand geworfen haben. Verborgen vor den Augen der Öffentlichkeit finden illegale Hunde- oder Hahnenkämpfe statt, nach denen die Tiere in riesigen Blutlachen entweder verenden oder ohne angemessene Behandlung und unter Qualen wieder auf die Beine kommen. Damit ist noch kein Wort über die Milliarden Nutztiere gesagt, die unter absolut inakzeptablen Bedingungen gehalten werden und denen alles verweigert wird, was einem artgerechten Leben auch nur ansatzweise näherkäme, nur damit die Menschheit sich billig den Bauch vollschlagen oder sich in die neueste Pelzmode kleiden kann.

Selbst aus der Wollwirtschaft berichtet PETA (People for the Ethical Treatment of Animals) Haarsträubendes. So wurde in Argentinien beobachtet, wie Arbeiter Lämmer packen, ihnen bei vollem Bewusstsein die Beine zusammenbinden, ein Messer in den Hals jagen und die Kehle durchschneiden. Den Tieren läuft das Blut in Strömen aus der Wunde, während sie mit dem einzigen freien Bein um sich schlagen. Selbst nachdem die Arbeiter versuchen, ihnen das Genick zu brechen, blöken sie weiter und ringen nach Luft. Außerdem ist in der Wollwirtschaft das sogenannte *Mulesing* verbreitet, das Wegschneiden der Fettdrüsen um den Schwanz der Lämmer ohne Betäubung. Auch das äußerst schmerzhafte Kastrieren männlicher Lämmer geht weiter.

Zu gar nicht guter Letzt können wir uns nicht einmal ansatzweise vorstellen, welches Leid und welche Folterqualen Labortiere erdulden müssen. Es gibt Labore, die wir kennen und in denen es ein gewisses Maß an Kontrolle gibt. Was aber ist mit den Laboren, die wir nicht kennen? Gerüchte lautet, dass es Labore ohne diese Kontrollen geben soll ...

Als ein Argument zur Rechtfertigung von Tierversuchen wird häufig vorgebracht, sie seien ein notwendiges Übel zur Bekämpfung von Krankheiten. Laut der UK *Research Defence Society* (seit 2008 Understanding Animal Research, A. d. Ü.) waren im Jahr 2005 in Großbritannien fünfzig Millionen Tiere davon betroffen. Die *British Union for the Abolition of Vivisection* (Britische Vereinigung für die Abschaffung von Tierversuchen) schätzt, dass ihre Anzahl eher bei hundertfünfzig Millionen liegt. Beide Zahlen sind niederschmetternd.

In den letzten Jahren wurde allerdings die Validität der Forschung an Tieren hinterfragt, und die ausbleibenden Renditen haben zu einem Rückgang der Studien mit Versuchstieren von 68,3% in den Jahren 2004 bis 2005 auf 59,4% in den Jahren 2009-2010 geführt. In Europa haben Pharma-Unternehmen die Verwendung von Versuchstieren zwischen 2005 und 2008 um 25% reduziert. Die klinische Forschung am Menschen erweist sich als wertvoller, weil die Fehler bei der Übertragung der Forschungsergebnisse vom Tier auf den Menschen enorme Investitionsverluste bedeuten. Dies heißt nicht, dass Tierversuche für die Pharma-, Chemie- und Kosmetikriesen nicht immer noch ein einträgliches Millionengeschäft sind. Obwohl sie zweifellos das Geld für die Tests, zu denen sie gesetzlich verpflichtet sind, lieber nicht ausgegeben hätten.

Einen interessanten Aspekt nennt Charles R. Magel, der inzwischen verstorbene emeritierte Professor der Philosophie an der *Moorhead State University* in Minnesota. Er sagt: „Fragen Sie die Experimentatoren, warum sie an Tieren experimentieren, so lautet die Antwort: ‚Weil die Tiere sind wie wir.' Fragen Sie die Experimentatoren, warum es moralisch in Ordnung ist, an Tieren zu experimentieren, so lautet die Antwort: ‚Weil die Tiere nicht sind wie wir.' Tierversuche beruhen auf einem logischen Widerspruch."

Es gibt hier allerdings auch eine ethische Frage, und wenn es um die Verwendung von Tieren für die medizinische Forschung geht, bestehen viele Menschen nach wie vor darauf, dass Menschen wichtiger sind als Tiere und sich das Opfer lohnt, wenn dadurch Menschenleben gerettet werden können. Bedenken wir aber, dass sich Tiere und Menschen auf derselben Evolutionslinie befinden, so hat, wenn einem Teil der Schöpfung Leid zugefügt wird, dies auch Auswirkungen auf die übrige Evolutionslinie – insbesondere, wenn wir an Karma und Reinkarnation denken.

Wie wir gesehen haben, äußert sich White Eagle in diesem Punkt recht eindeutig mit den Worten „Die Ausübung von Gewalt an der Tierwelt kann der Menschheit keinen Segen bringen." Er wird sogar ziemlich konkret: „Aus grausamen

Experimenten mit Tieren kann der Menschheit niemals Gutes erwachsen, weil dies gegen das göttliche Gesetz verstößt.“ Und wie wir ebenfalls gesehen haben, sagt er, dass die Konsequenzen tatsächlich auf uns zurückfallen. In Bezug auf andere Tiere als unsere Haustiere erklärt er: „Wenn wir an Tiere und Lebendvieh denken, die als bloße Nahrungsmittel gezüchtet werden, damit der Mensch seine Genusssucht befriedigen kann, kommen wir zu anderen Ebenen bewussten Daseins; aber wir möchten, dass ihr begreift, dass alle Tiere ein gewisses Empfindungsvermögen besitzen. Deshalb haben Schmerz, Leid oder Brutalität, die ihnen durch den Menschen zugefügt werden, äußerst schädliche Auswirkungen auf ihr Bewusstsein oder ihre ‚Seele‘. Dieses vom Menschen zugefügte Leid fällt stets auf ihn selbst zurück. Das heißt, die eigentlichen ethischen Auswirkungen oder Konsequenzen hat der Mensch zu tragen und nicht das Tier.“

Dies bringt uns zu einem weiteren Aspekt, der heute die meisten Menschen betrifft, wenn nicht aktiv, dann doch passiv durch ihre fleischliche Ernährung: Das Schlachten von Tieren unter groben und grausamen Bedingungen. Ich weiß, dass ich nicht die Einzige bin, welche die Atmosphäre um die modernen Schlachthöfe unerträglich findet. White Eagle spricht dies in seinen Lehren an: „Wir möchten erklären, dass die Zustände um einen Schlachthof auf der Astralebene ganz, ganz schrecklich sind. Dadurch entsteht viel Böses: Böses, das sich automatisch zu Männern und Frauen hingezogen fühlt, die von Natur aus grausam sind, und sie als ein

Einflussfaktor dazu bringt, die niedersten und gemeinsten Taten zu begehen. Hierin liegt die Gefahr der Züchtung und Schlachtung von Tieren für die Genusssucht des Menschen. Solange der Mensch zulässt, dass Tiere abgeschlachtet werden, kann er nicht hoffen, den Grausamkeiten und dem schrecklichen Leid zu entrinnen, das Krieg und Krankheit über ihn bringen."

Starke Worte, so scheint es. An anderer Stelle geht er näher auf diese Situation ein: „Das größte Übel entsteht auf der Astralebene aufgrund der Angst, mit der alle Tiere den Schlachthof betreten. Sie merken ganz genau, dass ihnen Gefahr droht. Wenn sie zur Schlachtung getrieben werden, erschaudert ihre Seele in schrecklicher Angst, und diese vergiftet den Blutstrom. Danach befindet sich ihr Fleisch in jeder Hinsicht in einem giftigen Zustand. Dieser überträgt sich auf die Menschheit, wenn sie es essen, und liegt dann als Saat sehr vieler, teils unheilbarer Krankheiten im physischen Körper."

In seinen Lehren über die Atmosphäre in Situationen, in denen Grausamkeit an Tieren verübt wird, formuliert Dr. Lascelles ganz ähnliche Gedanken: „Es gibt eine dunkle und verborgene Welt, in der sich das Leiden von Mensch und Tier anhäuft, um schließlich unser eigenes Seelenleben zu infizieren und zu durchdringen. Wenn wir Tiere nicht um ihrer selbst willen lieben können, müssen wir sie um unseretwillen lieben." Außerdem erklärt er, dass auf uns alle zuweilen mentale Botschaften einprasseln, meistens von Menschen, aber auch von Engeln und – zum großen Teil – von Tieren. Diese Botschaften sind natürlich nicht in Worte gefasst, beeinflussen aber unsere Stimmung. Er sagt: „Ist euch je in den Sinn gekommen, was wohl die letzten Gedanken geschlachteter Tiere sind und wie sie sich auf unser Unbewusstes auswirken? Ich glaube nicht, dass ihr ein solches Gemetzel dulden würdet, wenn ihr wüsstet, welche Folgen dies für eure eigene geistige Gesundheit hat."

Außerdem zieht Dr. Lascelles offenbar eine Parallele zwischen Grausamkeit an Tieren und Krieg: „Es gibt so viel Konflikt und Hass auf der Welt. Nation steht gegen Nation und Volk gegen Volk. Ist euch klar, dass dies weitgehend daran liegt, dass sich die Sünden des Menschen rächen? Generationen können vergehen, bis die Folgen der Unmenschlichkeit des Menschen gegenüber den Tieren ihre bitteren Früchte tragen, aber Früchte tragen sie immer."*

Ich habe eine Freundin, die immer wieder an klinischen Depressionen leidet. Sie ist eine sehr spirituelle und reife Seele, die auf gewisse Weise sehr eng mit dem „kollektiven Unbewussten" im Kontakt ist. Dies zeigt sich besonders in Zeiten der Depression, und manchmal wird sie vom Leid der Menschheit sowie insbesondere der Tierwelt völlig überwältigt. Ich glaube, darauf weist Dr. Lascelles hin, wenn er vom Erdschatten spricht. Meine Freundin nennt es „das Unerträgliche", und sie ist überzeugt, dass ebendies hinter einem Großteil der Depressionen steht, die Menschen auf unserem

* A Pilgrimage with Animals, S. 14, 15, 19, 45.

Planeten heute erleiden. Auch bei Dr. Lascelles klingt dies an, wenn er sagt: „Ein Großteil dessen, was ihr als klinische Depression bezeichnet, wird durch die Einwirkung des Erdschattens auf euch verursacht."

Weiter sagt er, der Erdschatten sei nicht nur eine Folge des Leidens und Klagens der Männer und Frauen, sondern auch der Schrei der leidenden Natur, hauptsächlich der Qualen der Tiere, die in Angst und Schrecken geschlachtet werden – „das Machwerk des Menschen als Fleischesser und ein Unding der Eitelkeit".

Er fährt fort: „Ihr seid nicht allein auf der Welt, und die Herrschaft über die Natur wurde euch nicht gegeben, damit ihr maßlos werdet. Auch die Tiere haben ein eigenständiges Leben und eine Rolle in Gottes Plan. Sie wurden euch nie anvertraut, damit ihr sie so ausbeutet, wie ihr dies gerade tut. Wenn ihr Leiden auf euch zurückfällt, wenn ihre Schmerzensschreie euch verfolgen, dann habt ihr allein euch selbst die Schuld daran zu geben."

So ist es! Deshalb verdienen die vielen gemeinnützigen Tierschutzorganisationen auf der ganzen Welt, die sich so unermüdlich für die Verbesserung der Lebensbedingungen der Tiere einsetzen, unsere Unterstützung. Wenn wir nicht in der Lage sind, ihnen praktisch oder finanziell zu helfen, dann können wir ihnen durch unser Gebet und unsere heilsamen Gedanken Unterstützung zukommen lassen. Außerdem gibt es spirituelle Organisationen wie die White Eagle Loge, die überall auf der Welt Heilgruppen für Tiere unterhalten. (Die Adresse der White-Eagle-Website in verschiedenen Ländern finden Sie am Ende des Buches.)

Ich möchte auch erwähnen, wie wichtig die Rolle von Prominenten ist, wenn es darum geht, anderen mit gutem Beispiel voranzugehen, indem man gegen die Pelzbranche Stellung bezieht und keine Pelze trägt oder sich für eine Ernährung einsetzt, die Grausamkeit an Tieren vermeidet. Linda McCartney hat den Tieren einen wunderbaren Dienst erwiesen, indem sie für eine breite Öffentlichkeit ein Angebot mit leckerem vegetarischen Essen entwickelt hat. Dasselbe gilt für Rose Elliot, die mit ihren bahnbrechenden Büchern Menschen, die fleischlos leben wollen, köstliche vegetarische Rezepte an die Hand gibt.

Kapitel Zehn

Tierkommunikation

Der Mensch lebt erst seit relativ kurzer Zeit auf dieser Erde, und die meisten Tiere, die ihr wie selbstverständlich hinnehmt, waren schon lange hier, bevor der Mensch aufgetaucht ist. Ist es da so ganz und gar unvorstellbar, dass sie eine Art Weisheit erworben haben könnten, die, obzwar unausgesprochen, derjenigen der Menschheit ebenbürtig, ja überlegen ist, aber von euch nicht erkannt wird?

Dr. Lascelles

Einer der klassischen Hauptgründe der „Bildungsbürger“ in unserer Kultur für die Überlegenheit des Menschen gegenüber den Tieren ist deren fehlender oder sehr eingeschränkter Gebrauch von Sprache. So wird Intelligenz bei Tieren zum Beispiel daran gemessen, wie viele Wörter sie erkennen und in Handlung umsetzen können. Dies wird auch zum Vergleich der Intelligenz verschiedener Tierarten herangezogen (etwa bei Katzen und Hunden). Solche Tests sind selbstverständlich von weiteren Eigenschaften einer Art abhängig, etwa der Fähigkeit und Bereitschaft zur Kooperation mit dem Menschen, was in diesem Fall den Hund begünstigen würde, der diese Fähigkeit – jüngsten Forschungen zufolge – von Natur aus besitzt. Will man jedoch Mensch und Tier einander gegenüberstellen, sagt diese Art der Forschung nur aus, dass Über- oder Unterlegenheit von kognitiven Funktionen und Intelligenz abhängig ist. Daran ist zweifellos auch viel Wahres dran. Interessant ist allerdings, dass die Sprache der Tiere weiterentwickelt sein könnte als bisher angenommen.

Zwar erkennen Wissenschaftler mittlerweile an, dass Tiere unterschiedliche Laute verwenden, die jeweils artspezifische Bedeutung haben, doch neuere Studien haben gezeigt, dass ihre Kommunikationsfähigkeiten vermittels Lauten weiterentwickelt sind als zunächst gedacht. Eine neuere japanische Studie mit Kohlmeisen zeigt, dass Vögel ihre Zwitscherlaute miteinander verknüpfen, um neue Botschaften zu senden, und „weil sie verschiedene Rufe kombinieren, können sie mit ihrem begrenzten Vokabular neue Bedeutungen erschaffen. Dies ermöglicht ihnen, unterschiedliche Verhaltensreaktionen auszulösen und komplexe soziale Interaktionen zu koordinieren." (Sara Knapton im *Daily Telegraph* vom 9. März 2016).

Dieselbe Wissenschaftsjournalistin berichtet (im *Daily Telegraph* vom 17. August 2016), die schwedische Universität Lund habe ein auf fünf Jahre angelegtes Projekt begonnen, mit dem der „Katzen-Code" geknackt und dadurch herausgefunden werden soll, was Katzen zu ihren Besitzerinnen und Besitzerinnen sagen. Bereits jetzt sei man in der Lage, ein ganzes Spektrum an Miau- und Schnurrlauten zu deuten. Es soll versucht werden, Unterschiede im phonetischen Muster auszumachen, da Katzen anscheinend Intonation und Melodie bewusst verändern können, vielleicht um eine bestimmte Botschaft zu übermitteln, einer Botschaft höhere Dringlichkeit zu verleihen oder Gefühle zum Ausdruck zu bringen – so die Forscherin Susanne Schötz, Dozentin für Phonetik an der Universität. Inzwischen hat sie auch ein Buch geschrieben mit dem Titel *Die geheime Sprache der Katzen* (siehe „Quellen", S. 241).

Es mag jedoch einen Grund geben, warum Tiere im Laufe der Jahrmillionen keine weiterentwickelte Sprache ausgebildet haben. Dies könnte schlicht und einfach daran liegen, dass sie sie nicht brauchen! Und warum? Die herausragende Tierforscherin Temple Grandin erklärt in ihrem Buch *Ich bin die Anthropologin auf dem Mars* (siehe „Quellen"), dass Tiere in Bildern denken. Sie leidet selbst an Autismus und glaubt, dass autistische Menschen ganz ähnlich wie Tiere in Bildern denken. Deshalb war es ihr gelungen, in Schlachthöfen verbesserte Bedingungen für Tiere zu schaffen, indem sie Vorrichtungen erfand, die ihre Angst verringern. Außerdem sagt sie, die Fähigkeit, in Bildern zu denken, sei auch der Grund, warum autistische Kinder so gut auf Tiere ansprechen. Beim Menschen stellen wir fest, dass die für Bildsprache und Bilder zuständige Hirnregion in der rechten, femininen Hirnhälfte angesiedelt ist. Wenn wir zeitlich zurückblicken, sehen wir, dass unsere Schriftsprache sich von einer hieroglyphischen Schreibweise nach und nach zu unserer heutigen Buchstabenform verändert hat, die einen eher maskulinen, linearen, mit der linken Hirnhälfte verbundenen Prozess darstellt.

Dies hat in unserer schriftlichen Kommunikation größere Präzision ermöglicht, doch vielleicht haben wir dabei auch etwas verloren, denn wenn wir das Bild sehen, sehen wir eher das große Ganze – aus einer umfassenderen Perspektive, an der nach klassischer Auffassung die rechte, feminine Hirnhälfte beteiligt ist. (Mittlerweile sollten wir allerdings beachten, dass neuere Forschungen darauf hindeuten, dass die klassischen Ansichten über linke und rechte Hirnhälfte zu stark vereinfacht sein könnten.)

Probieren Sie es selbst einmal aus. Schauen Sie zum Beispiel das geschriebene Wort „Vogel“ an und dann ein Bild von einem Vogel. Vielleicht geht es Ihnen wie mir, und Sie stellen fest, dass Ihnen, wenn Sie sich einen „Vogel“ bildlich vorstellen müssen, eine große Bandbreite damit verbundener Gedanken in den Sinn kommt, etwa Farbe, Art, Lebensraum und so weiter.

White Eagle sagt, dass Tiere über ausgeprägte mediale Fähigkeiten verfügen, weil sie den konkreten Verstand oder Intellekt nicht im selben Maße entwickelt haben wie der Mensch. Daher gibt es weniger, was ihre medialen Fähigkeiten stört. Leserinnen und Leser, die versuchen, ihre medialen Fähigkeiten auszubauen, wissen sicher genau, was er meint. Dasselbe gilt für die Meditation. Das größte Hindernis auf dem Weg zur inneren Welt ist der konkrete Verstand – „der kleine Kasten im Vorderhirn“, wie ich ihn nenne. Ich erlebe dies auch beim Zeichnen und Malen. Meine besten Bilder entstehen dann, wenn „der kleine Kasten“ ausgeschaltet ist.

Wenn die Tiere ihr bildliches Denken tatsächlich mit ihren medialen und telepathischen Fähigkeiten kombinieren, können wir uns vorstellen, wie gut dies für sie und ihre Kommunikation funktioniert. Hierin sind die Tiere uns weit überlegen.

Dr. Lascelles drückt dies etwas anders aus. Er sagt: „Ja, Tiere haben Bewusstsein, und mehr noch, sie haben ein Unterbewusstsein. Tatsächlich könnte man sogar sagen, ihr Bewusstsein ist vollständig unterbewusst.“ Deshalb, so erklärt er weiter, stehen sie in direktem Kontakt mit dem Unterbewusstsein – ob von Tieren oder Menschen.

„Aus diesem Grund“, behauptet er, „können Tiere eure Gedanken abfangen.“ Außerdem erklärt er, es gebe Menschen, die von Natur aus auf die Natur- oder Tierwelt eingestimmt seien und „eine angeborene Fähigkeit besitzen, die Sprache der Tiere zu verstehen“. Er behauptet nicht, dass es sich dabei um eine ebenso verbalisierte Sprache handelt wie die der Menschen, sondern sagt: „Sie ist nicht aus Grammatik und Syntax aufgebaut. Die Sprache der Tiere ist eine Kommunikation des Fühlens, die ganz genauso effektiv ist. Sie ist eher medialer Natur als eine Aneinanderreihung von Lauten. Sie ist eine Sprechverbindung durch Schwingung.“* Auch die Tierkommunikatorin Anna Breytenbach bringt dieses Empfinden in ihrer wunderbaren und sehr zu empfehlenden DVD *The Animal Communicator* zum Ausdruck. Sie

* A Pilgrimage with Animals, S. 53.

spricht von der Einstimmung auf die Frequenz, die wir mit den Tieren teilen und die zum Aufbau unseres Gehirns dazugehört. Zunächst aber müssen wir lernen, uns wieder mit der Natur zu verbinden. Sie erklärt, wie sie zunächst Verbindung zu einem Tier aufnimmt und dann Bilder erzeugt, die sie anschließend an die Tiere aussendet, und wie diese umgekehrt für sie dasselbe tun – in Form von Bildern und Gefühlen, die von ihr übersetzt werden.

Die DVD zeigt eine bewegende Szene, in der ihr gelingt, woran sogar die erfahrensten Großkatzenpfleger gescheitert waren, nämlich das Leben eines großen Schwarzen Panthers zu ändern, der seine Schlafstelle nicht verlassen wollte und einfach jeden anfauchte, der versuchte, sich seinem Gehege zu nähern. Niemand glaubte, dass Anna würde helfen können. Nach einer langen „Unterhaltung" war der Panther jedoch beruhigt, und von diesem Tag an änderte sich sein Verhalten. Aus der wütenden, „blutrünstigen" und sehr unglücklichen Großkatze wurde das gefasste, majestätische Geschöpf, das er eigentlich war! Noch am selben Tag verließ er seine Schlafstelle und durchstreifte sein naturbelassenes Gehege – zur großen Erleichterung aller. Auf der DVD wird erklärt, worüber die Großkatze und Anna gesprochen haben.

Genauso erklärt auch Linda Bender in ihrem Buch *Animal Wisdom* den Prozess, mit dem sie die Botschaften, die sie von Tieren empfängt, in Worte übersetzt. Zum Text des Buches sagt sie: „Die Worte, die Sie lesen werden, stammen von mir, aber die Gedanken hinter den Worten kommen von den Tieren."

Es ist wunderbar, dass es auf dem Buchmarkt etliche Titel von modernen Tierkommunikatorinnen mit Botschaften aus der Tierwelt gibt. Wir können alle lernen, diese Fähigkeit zu entwickeln – in geringerem oder stärkerem Umfang, ganz so, wie auch nicht alle Menschen zum Beispiel die gleiche musikalische Begabung oder Hellsichtigkeit besitzen. Genauso ist es auch mit unserer Fähigkeit zur Kommunikation mit Tieren. Es geht darum, mit jenem Ort in unserem Inneren in Kontakt zu kommen, den wir mit den Tieren gemein haben und an dem wir dieselbe Sprache sprechen können: Die Sprache der Bilder und Gefühle, oder wie der Tibeter sagt: „Über den Emotionalkörper kann die Seele mit der unbewussten Seele aller Tiere in Berührung kommen." Anna Breytenbach bringt es auf den Punkt: „Es ist nichts Übernatürliches, sondern über alle Maßen natürlich!"

Um diese Fähigkeit zu erlangen, müssen wir im „jetzigen Moment" leben können. In einem Zeitalter, in dem, wie Patricia Cori sagt, „sich die Menschheit zum größtenteils mit Feuereifer von den gelenkten Medien, der digitalen Obsession unserer Zeit sowie den zahllosen anderen Ablenkungen, die uns von unserer Umwelt abkoppeln, einlullen lässt", wird dies zunehmend schwieriger. Offenbar verbringen wir sehr viel Zeit mit Zukunftssorgen oder Reue über die Vergangenheit, statt einfach im „Jetzt" zu leben. Zum Glück bleibt den Tieren vieles davon erspart.

Haustiere sind sehr feinfühlig, und wenn wir nur einmal innehalten und uns ganz auf ihre Bedürfnisse einstellen (me-di-tier-en!) könnten, entstünde ein natürlicher Dialog. Aber dieser erfordert eine Präsenz, in der der geschäftige Geist ab- oder zumindest leiser gestellt wird.

Ich glaube, nach Storepus war Minnie Moo das Tier, zu dem ich die stärkste telepathische Verbindung hatte. Dies lag wohl ebenso sehr an ihr wie an mir, denn sie besaß offenbar die Fähigkeit, mir „Gedankenbilder" einzugeben. Dadurch entstand ein Gefühl, als ob wir uns in einem ständigen Dialog befänden. Außer dem Zusammensein mit ihrem Gefährten und „Diener" Michael liebte sie nichts so sehr wie menschliche Gesellschaft – weniger wegen der Streicheleinheiten, obwohl sie in dieser Hinsicht unterschiedliche Ansprüche hatte und sehr deutlich vermitteln konnte, wann wie viel gefragt war – sondern einfach, weil ihr das Zusammensein Freude machte. Es entstand der Eindruck, dass sie sich in der Gruppe als (mindestens!) ebenbürtige Partnerin empfand, einen studierte – und durchschaute.

Als Stephanie und ich für eine Verlagsgesellschaft in Bosham (Sussex) arbeiteten, zählte das Bürogebäude, ein Holzbau, zu ihren Lieblingsorten. Sie nahm sogar an den Kuratoriumssitzungen teil. Ich weiß nicht, ob es daran lag, dass sie nach Abschluss der Sitzungen immer die Milch aus dem Krug auflecken durfte, oder weil sie einen der Direktoren ins Herz geschlossen hatte. Dieser fiel allerdings in Ungnade, als er seinen Hund von der Leine ließ und der sie einen Baum hinauf jagte. Mit dem Direktor „sprach" sie danach nie wieder ein Wort!

Zu Minnies Lieblingsbeschäftigungen zählte es außerdem, am Morgen zusammen mit mir zu meditieren. Sie saß dann auf meinen verschränkten Armen, quer über meinem Herzen. Daher überraschte es mich nicht, als ich in Dr. Lascelles Lehren folgende Worte entdeckte:

„Ich denke oft, dass Tiere über die Kraft der Meditation verfügen. Dies mag bemerkenswert klingen." Meditation, so erklärt er, sei eine Frage der Stille, was Menschen oft schwerfalle. „Tiere hingegen sind von Natur aus Meister darin. Gott hat eine Botschaft für jeden Menschen und jede Kreatur. Tiere empfangen diese Botschaften mühelos." Bei unseren gemeinsamen Meditationen war Minnie-Moo eine wesentlich bessere Zuhörerin als ich, da bin ich mir sicher, andererseits hatte sie wohl auch weniger Sorgen als ich. (Oder vielmehr, ich konnte mir „besser" Sorgen machen als sie!)

Minnie war nicht mein einziges Tier, das gerne an spirituellen Aktivitäten teilnahm; sowohl Missi als auch Bobby hätten sich nie eine meiner spirituellen Heilungssitzungen entgehen lassen. Dasselbe galt für Michael. Als etwas erwachsenerer Windhund entwickelte auch Oliver eine gewisse Beflissenheit, bei diesen Sitzungen dabei zu sein. Grundsätzlich lieben Tiere die Atmosphäre, die dabei entsteht, und ich bin mir unbedingt darüber im Klaren, dass sie „das Unsichtbare sehen", nämlich die Wesen im Raum.

Was die medialen Fähigkeiten von Tieren anbelangt, so hat mein Hund Oliver mir diese sehr häufig bewiesen. Ich habe bereits erzählt, wie er uns einmal zu dem Hund geführt hat, der von der Strömung ins Meer hinausgetrieben worden war. Ein anderes Mal führte er mich zu der blinden Hündin eines älteren Paares, dem wir oft bei unseren Spaziergängen in den Sanddünen begegneten. Eines Tages berichteten sie, sie suchten ihre betagte blinde Hündin. Sie sei von einem anderen Hund erschreckt worden und weggelaufen. Ich antwortete, ich hätte sie nicht gesehen, würde aber die Augen offenhalten.

Irgendwie muss Oliver das Gespräch mitbekommen haben, denn zehn Minuten später blieb er plötzlich bei einem kleinen Grashügel stehen und schaute stur zum nahegelegenen Rugby-Spielfeld hinüber. Da er immerzu hinüberstarrte, folgte ich schließlich seinem Blick und entdeckte ganz in der Ferne, am entlegenen Ende des Rugbyfelds, die kleine Hündin. Nun konnten wir zu dem Paar zurückgehen und ihnen berichten, und beim nächsten Mal, als wir die beiden trafen, bekam Oliver einen ordentlichen Knochen!

Dass Hunde wissen, wann ihre Besitzer nach Hause kommen, wurde in Studien des Wissenschaftlers Rupert Sheldrake umfassend nachgewiesen. (Zweifellos gilt dies ebenso für Katzen.) Oliver bewies dies immer wieder, und zwar auch bei Personen, die er als seine erweiterte Familie betrachtete. Immer mittwochs kam meine Freundin Pam, um mit mir zusammen zu meditieren. Jedes Mal fing Oliver eine halbe Stunde vor dem Termin an, leise zu winseln, und wurde dann zehn Minuten, bevor sie kam, zunehmend unruhig. Eines Mittwochs regte er sich nicht, und ich fragte mich, ob sie wohl nicht käme. Allerdings hatte ich keinerlei Nachricht. Doch fünf Minuten vor ihrer üblichen Ankunftszeit wurde er plötzlich ganz aufgeregt. Fünf Minuten nach der Zeit traf sie ein und sagte: „Entschuldige bitte, ich hatte es ganz vergessen. Erst vor zehn Minuten ist es mir wieder eingefallen."

Ein anderes Mal verhielt sich Oliver am Abend sehr merkwürdig, ganz so, als ob jemand käme. Wir erwarteten niemanden, daher wussten wir nicht so recht, was mit ihm los war, und versuchten, ihm Wasser und Futter zu geben, aber vergeblich. Es dauerte nicht lange, dann klingelte es. Vor der Tür standen unsere guten Freunde aus der Nachbarschaft und brachten uns etwas, das sie uns geben wollten. Normalerweise kreuzen sie nie unangemeldet auf. Wieder ein anderes Mal lief er immer wieder bellend zur Tür, und ich ließ ihn in den Garten, für den Fall, dass er „zur Toilette" musste. Aber nein, das war es nicht. Also nahm ich ihn an die Leine und ließ mich von ihm führen, wohin er wollte. Er ging schnurstracks zum Haus unserer Freunde, wo Graham gerade das Auto auslud. Sie waren eine Woche in den Ferien gewesen. Ich fragte ihn: „Wann seid ihr wieder heimgekommen?" Und er antwortete: „Gerade erst vor zehn Minuten." Genau in dem Moment hatte Oliver angefangen zu bellen.

Er wollte mir einfach sagen, dass sie wieder da waren. Kaum hatte ich sie gesehen, ging er mit Freuden wieder nach Hause.

Als ich einmal von einer Reise nach Norwegen zurückkam, erlebte ich etwas Ähnliches. Oliver ging gerade mit Stephanie Gassi, blieb aber plötzlich stehen und wollte nach Hause, was ungewöhnlich ist, denn er liebt seine Spaziergänge. Immer wieder drehte er sich in Richtung Zuhause um und zog heftig an der Leine. Er konnte es kaum erwarten, endlich heimzukommen. Wie sich herausstellte, war er genau in dem Moment stehen geblieben, als ich, vor etwa einer halben Stunde, das Auto vor dem Haus geparkt hatte.

Auch Katzen verfügen natürlich über diese Fähigkeit, wie ich in der bereits erwähnten Geschichte über Storepus gezeigt habe, der exakt bei meiner Rückkehr von einer fünfwöchigen Reise bei mir zu Hause aufkreuzte. Den ganzen Tag hatte er vor dem Haus meiner Eltern gesessen und die Straße entlanggeschaut. Eine Stunde vor meiner Ankunft war er dann aufgebrochen und zu mir nach Hause gegangen. In ähnlicher Weise entdeckte ich, wie ich ihm telepathisch Botschaften senden konnte, wenn er nach Hause kommen musste, weil wir einen gemeinsamen Termin oder Ähnliches hatten. Ich stellte fest, dass dies offenbar jedes Mal funktionierte.

Ein weiteres, sehr bewegendes Beispiel dafür, dass Haustiere unsere Gedanken lesen, ereignete sich vor vielen Jahren bei einem Besuch meiner Eltern. Ihr Hund Snoopy lag zu meinen Füßen. Meine Eltern sagten, sie überlegten, ob sie Snoopy nicht einschläfern lassen müssten. Er hatte Probleme mit der Prostata und sehr viel Blut im Urin, weshalb er in der ganzen Gegend endlos rote Spuren im Schnee hinterließ. Der Tierarzt hatte gesagt, er habe keine Schmerzen, aber meinen Eltern waren seine Blutspuren wohl peinlich. Plötzlich fiel mein Blick auf Snoopy, und ich sah, dass er zitterte wie Espenlaub. Ich erschrak und sagte, wir müssten sofort aufhören, darüber zu reden. Wir wechselten das Thema, und Snoopy hörte auf zu zittern!

Diese Beispiele haben gezeigt, wie gut Tiere uns „durchschauen“ können. Die Frage ist aber, wie können wir sie durchschauen?

Der Schlüssel zu unserer Kommunikation mit Tieren liegt darin, präsent zu sein, aber auch mit dem Herzen zu kommunizieren. Wie ich bereits gesagt habe, ist unser „Tierhirn“ das fühlende Gehirn, dies ist also die Daseinsebene, die wir mit den Tieren teilen, unsere gemeinsame „Sprache“. „Die Augen sind die Sprache der Seele“, heißt es, und wenn man das Herz öffnet und durch Augenkontakt Signale austauscht, lässt sich sehr viel sagen. Michael, mein Tuxedo-Kater und ein Herzchen auf vier Beinen, hatte immer eine wunderbare Wirkung auf mich, wenn ich völlig gestresst von der Arbeit nach Hause kam und frustriert war, weil Dinge nicht so gelaufen waren, wie ich gehofft oder erwartet hatte. Ich kann mir vorstellen, wie ich für ihn ausgesehen haben muss – meine Seele war irgendwie noch im Büro. Dann kam er auf mich zu und heftete seinen Blick auf mich. Seine lieben, seelenvollen Augen blieben ganz ruhig, als wollten sie sagen: „Mach dir keine Sorgen, ich bin doch da. ... Denke daran, was wirklich wichtig ist, ist in deinem Herzen." Ich weiß nicht, ob er dies wirklich gesagt hat, aber so wurde es mir durch seine Liebe gespiegelt. Dann spürte ich, wie der ganze Stress von mir abfiel und meine Seele nachkam, um in diesem Moment bei ihm zu sein. Wie hätte ich nicht bei ihm sein können, bei meinem *Hübschen Jungen*?

Bisher habe ich nicht viel Erfahrung in der Kommunikation mit Wildtieren. Annähernd habe ich dies wohl bei einem Besuch des *St. Francis Sanctuary for Wolves and Wolf Dogs* (Alternativer Tierpark St. Franziskus für Wölfe und Wolfshunde) in Texas erlebt. Dies ist ein beschützender Tierpark, der von einer bemerkenswerten Dame namens Jean LeFevre gegründet wurde, unmittelbar bevor sie als Leiterin und Gründerin des *St. John's Retreat Centre*, des amerikanischen Hauptquartiers der White Eagle Loge, in Rente ging. Ihr Wolfspark liegt auf dem an das Retreat-Zentrum angrenzenden Grundstück. Die Wölfe darin wurden oft von ihren Vorbesitzern misshandelt oder eigneten sich aus anderen Gründen nicht für eine Auswilderung. Als Alternative zur Einschläferung gab Jean ihnen eine Heimat. Im Gegenzug leisten diese Wölfe ihrer Tierart insofern einen Dienst, als Jean es sich zur Aufgabe gemacht hat, Menschen über das Wesen des Wolfs aufzuklären. Dazu öffnet sie den Tierpark für die Öffentlichkeit, damit die Menschen mit den Wölfen in

Kontakt kommen und bei Vorträgen mehr über sie erfahren können. Insbesondere freut sie sich über Kinder mit jeder Art von Behinderung, die hier in einer sicheren Umgebung den Kontakt mit einem Wolf erleben können. Sie hat Botschafter-Tiere, die im Umgang mit Menschen unbedenklich sind. Diese nimmt sie auch mit in Schulen und zu Vorträgen. Es ist wunderbar, ihre Vorträge zu hören und zu erfahren, wie Wölfe das Leben einzelner Menschen berührt haben. Jean sagt, es ist, als wüssten die Wölfe, dass manche Menschen verletzlicher sind und passten ihr Verhalten entsprechend an.

Wölfe zu sehen und nachts ihrem „Gesang“ zu lauschen, ist ein unglaubliches Erlebnis, und wenn man einmal mit ihnen im Kontakt war, rufen einen ihre Geister immer wieder. Wenn ich dort bin und im benachbarten Retreat-Zentrum wohne, das einen ganz eigenen Zauber hat, übernachte ich normalerweise in einem Gebäude, das etwa fünfzig Meter von den Wölfen entfernt steht. Jean sagt, Wölfe vergessen nie, und ich glaube, das stimmt, denn bei meinem zweiten Besuch fühlte ich mich gleich am ersten Tag bei meiner Morgenmeditation kurz nach dem Aufwachen plötzlich vom Geist der Wölfe umgeben. Es war ein wunderbares Gefühl. Vor meinem geistigen Auge erkannte ich deutlich das alte Alpha-Weibchen Mystery – und ich hatte den Eindruck, dass sie mich ebenfalls erkannte und begrüßte.

Auch bei meinem nächsten Besuch spürte ich wieder gleich beim Aufwachen am ersten Morgen die Gegenwart der Wölfe, und Mystery zeigte sich. Da ich immer noch in engem Kontakt mit meinem Unterbewusstsein war, hörte ich ihre Botschaft an mich: „Es würde dir helfen, wenn du stärker mit deinen sinnlichen Anteilen in Kontakt wärst.“ Das konnte ich damals sehr gut nachvollziehen. Aber ich muss sagen, es hat mich völlig überrascht, dass den Wölfen offenbar an mir persönlich etwas lag. Ich wäre weniger überrascht gewesen, wenn sie mir eine Botschaft zu ihrer eigenen Situation oder über die Natur oder in Tierfragen mitgegeben hätten.

Später wurde mir allerdings klar, dass diese Botschaft für uns alle gilt, da wir ihnen durch unsere Sinne und unsere Gefühle begegnen und so mit ihnen kommunizieren – nicht mit dem Verstand.

Kapitel Elf

Tiere als Gefährten und Heiler

Leistung und Stellung der Tiere erfahren
keine angemessene Anerkennung.

Der Tibeter

Große Lehrer kommen oft in bescheidenem Gewand.

Linda Bender

Im vorangegangenen Kapitel habe ich darüber gesprochen, wie Tiere kommunizieren und wie umgekehrt wir mit ihnen kommunizieren können. Dieser Dialog kann beiden guttun. Wir werden uns ihrer Bedürfnisse bewusst und können dadurch verbesserte Lebensbedingungen für die Tiere schaffen – sowohl bei uns zu Hause als auch in freier Wildbahn. Aber auch sie können uns helfen, ein besseres Leben zu führen. Durch unseren physischen Leib, unseren Äther- und unseren Astralkörper gehören wir zur Tierwelt, und unsere Seele wurzelt tief in der Tierseele. Auf diese Weise sind wir innig miteinander verbunden und voneinander abhängig. Wissenschaftlern um Christof Koch vom *Allen Institute for Brain Science* in Seattle zufolge haben Menschen sogar Gehirnzellen, die auf das Erkennen tierischen Lebens spezialisiert sind. Wie kaum anders zu erwarten, befinden sie sich in der Amygdala, die zum „Tierhirn" gehört und an Emotionen beteiligt ist, die vorzugsweise auf Tierbilder ansprechen.* Dies deutet auf eine neuronale Basis für die starken emotionalen Reaktionen hin, die Tiere in uns auslösen.

Zum Überleben und für den Fortbestand ihres natürlichen Lebensraums sind die verschiedenen Tierarten aufeinander angewiesen. Hinzu kommt aber bei Tieren wie bei Menschen die Seelenverbindung. Wenn wir ein Tier anschauen, schauen wir einen Teil von uns selbst an, und wenn sie uns anschauen, „sehen" sie das, was sie unbewusst als ihre Zukunft und ihre Bestimmung erkennen. Ich spreche hier insbesondere von den Tieren, die sich bereits auf dem Weg der Individualisierung befinden. Vielleicht lieben sie uns deshalb so bedingungslos. Daraus ergibt sich für uns eine große Verantwortung. Doch nicht immer sind wir gute Vorbilder – leider! Es bricht einem das Herz, wenn man mitansehen muss, wie manche Haustiere vernachlässigt, respektlos behandelt und sogar Grausamkeiten ausgesetzt werden. Hier müssen wir wachsam sein: Amerikanische Studien zeigen, dass Kinder, die grausam zu Tieren sind, dieses Verhalten häufig steigern und später auch grausame Handlungen an Menschen begehen. Diese jungen Menschen müssen therapeutische Hilfe erhalten, und ihre grausamen Handlungen müssen im Keim erstickt werden!

---

* *Scientific American*, Sonderausgabe über Tiere, Herbst 2015. In deutscher Übersetzung ist der Artikel erschienen in *Gehirn & Geist* 12/2016, spektrum.de/news/warum-wir-haustiere-lieben/1427923, zuletzt abgerufen am 16.12.2020.

Was die Kooperation mit unseren domestizierten Tieren anbelangt, so ist deren volles Potenzial noch längst nicht ausgeschöpft. Als eine Möglichkeit, ihnen auf ihrem Weg zur Individualisierung zu helfen, können wir sie als Haustiere halten und ihnen viel Liebe und Respekt entgegenbringen. Außerdem glaube ich, wir könnten ihre Evolution beschleunigen, wenn wir ihre Fähigkeiten und Begabungen in stärkerem Umfang nutzen würden.

Beispielhaft möchte ich dazu unsere beiden häufigsten Haustiere in den Blick nehmen, Hunde und Katzen.

Hunde

Bis vor Kurzem wurde allgemein angenommen, der Hund stamme vom Eurasischen Wolf ab. Heute lässt sich allerdings sagen, dass dies unwahrscheinlich ist. Robert Wayne von der *University of California* nimmt vielmehr an, dass sowohl der Hund als auch der Graue Wolf von einem unbekannten ausgestorbenen Wolf abstammen, und zwar schon als die Menschen noch Jäger und Sammler waren und nicht erst nachdem sie Landbau betrieben haben, wie man bisher dachte. Eine Studie legt nahe, dass Hunde erstmals vor knapp 16.300 Jahren in Südchina domestiziert worden sind. 2013 kam ein Wissenschaftlerteam zu dem Schluss, dass Hunde vor 19.000 bis 32.000 Jahren in Europa entstanden sind. Laut einem Bericht in der britischen Zeitung *The Independent* zeigt eine andere Studie hingegen, dass Hunde erstmals vor 15.000 Jahren in Europa sowie unabhängig davon vor 12.500 Jahren in Ostasien domestiziert wurden.

Irgendwann nach der Domestizierung – vermutlich vor mindestens 6.400 Jahren – haben sich die östlichen Hunde offenbar über ein weites Gebiet verbreitet, indem sie Auswanderern nach Europa folgten, wo sie sich mit den ältesten bekannten Hunden vermischten und diese größtenteils ersetzten. Heute sind die meisten Hunde eine Mischung aus östlichen und westlichen Hunden.

Aus persönlicher Erfahrung wissen wir, dass jeder Hund, ungeachtet seiner Herkunft, anders ist. Doch wie der Hundeflüsterer Cesar Millan in seinem Buch *Tipps vom Hundeflüsterer* betont, müssen wir anerkennen, dass sie in erster Linie Tiere sind. In zweiter Linie sind sie ihre Tierart, und diese Eigenschaften und Bedürfnisse sind allen Hunden gemein. In dritter Linie sind sie ihre jeweilige Rasse und haben die Bedürfnisse und Fähigkeiten ihrer Rasse. In vierter Linie entdecken wir ihre individuellen Eigenheiten und ihre Persönlichkeit, die wir unter ihrem Namen zusammenfassen und die ebenfalls zu berücksichtigen sind. Als Menschen entwickeln wir oft einen Bezug zu ihrer Persönlichkeit und vergessen Rasse und Tierart – manchmal sogar auch, dass sie Tiere sind. Deshalb wählen viele Menschen das falsche Haustier, und wenn es dann die Erwartungen nicht erfüllt oder sich „danebenbenimmt", schieben sie die Schuld dem Tier zu.

Es ist kein Zufall, dass bei den Agility Shows in unserer Region zu neunzig Prozent Collies vertreten sind! Im Vergleich dazu wären sich die meisten Whippet-Besitzerinnen und Besitzer wohl einig, dass zum Beispiel Obedience-Wettbewerbe auf der Liste der präsentabelsten Eigenschaften ihrer Whippets nicht unbedingt ganz oben stünden. Nicht weil Whippets nicht intelligent oder lernfähig wären, sondern weil sie einen kleinen Dickkopf haben. Oliver konnte mich ansehen, als wollte er sagen: „Ich weiß genau, was du willst, aber ich mache es, wann es mir passt."

Allen Hunden gemeinsam ist aber ihre Sozialkompetenz. Diese haben sie von ihren wölfischen Vorfahren geerbt, die in freier Wildbahn in Familien-Rudeln leben. Daher fiel es Hunden leicht, sich an ein Leben mit ihrer menschlichen Familie anzupassen. Die soziale Intelligenz, die sie mit dem Wolf gemein haben, macht sie zu der Tierart, die in sozialer Hinsicht dem Menschen am ähnlichsten ist. Die Domestizierung hat mit der Zeit die Lern- und Kommunikationsfähigkeit der Hunde geprägt und sie für das Verhalten des Menschen sensibilisiert, sofern sie in einem geeigneten Umfeld aufwachsen. Insbesondere ihre Bindungsfähigkeit bildet die Grundlage für die Beziehung zwischen Hund und Mensch. Die meisten Forscher sind sich darin einig, dass die Beziehung zwischen Hund und Mensch der Bindung zwischen Mutter und Säugling stark ähnelt.

Diese Bindungsfähigkeit hebt sie von den Wölfen ab. Dies hat die Forschung gezeigt. Jean LeFevre, die bereits erwähnte Gründerin des *St. Francis Wolf Sanctuary*, hält zwar selbst einen „Hauswolf", warnt aber alle Besucher vor dem Versuch, sich einen Wolf als Haustier zu halten. Wölfe sind keine Haustiere! Dies ist der Hauptgrund für die Notwendigkeit dieses alternativen Wolfsparks, denn viele Wölfe sind „gescheiterte" Haustiere.

Die Forschung hat außerdem herausgefunden, dass Hunde in bemerkenswerter Weise die visuelle Perspektive anderer einnehmen oder aus den Handlungen anderer lernen können. Den Beweis dafür habe ich bei einem weißen Samojeden (einem russischen Schlittenhund) namens Zargo selbst erlebt. Als ich acht Jahre alt war, zog er mit seiner Familie, die den Laden am Ort gekauft hatte, in meine Heimatstadt. Oft lag er in ihrem Garten an der Leine. Aus Sicherheitsgründen durften wir nicht zu ihm. Aber ich habe immer wieder gefragt, ob ich mit ihm spazieren gehen dürfte. Da ihm ein achtjähriges Mädchen natürlich nicht gewachsen wäre, wenn er Reißaus nehmen wollte, lautete die Antwort stets „Nein!". Doch ich blieb hartnäckig, und so durfte ich Probespaziergänge vor dem Laden machen. Wir haben uns prima verstanden, und schließlich durfte ich mit ihm gehen, wann immer ich wollte.

Im Winter haben wir als Kinder oft „König auf dem Berg" gespielt. Wo ich aufgewachsen bin, gab es im Winter Unmengen Schnee, und dies bedeutete, dass der Schneepflug nach den Räumarbeiten am Rand der Straßenkreuzungen Berge von Schnee hinterließ. Sie konnten mehrere Meter hoch sein. Wir bildeten zwei Mannschaften, und das Ziel war, die Herrschaft über den eigenen „Berggipfel" zu behalten beziehungsweise den anderen zu erobern, indem man die Gegner herunterschubste oder -zog. Wir haben dieses Spiel geliebt, und es war eine ausgezeichnete Fitnessübung. Eines Abends riss Zargo von zu Hause aus und beteiligte sich an unserem Spiel. Er schaute eine Weile zu und spielte dann mit. Das Bemerkenswerteste war, dass er anfing, die Kinder vom Berg zu zerren, die nicht in meiner Mannschaft waren. Damit verschob sich natürlich das Kräfteverhältnis, daher bildeten wir neue Mannschaften und zählten Zargo als gleichberechtigtes Mitglied. Er hat oft bei uns mitgespielt und es sehr geliebt. Er hatte beobachtet und gelernt, ein gleichberechtigter sozialer Partner zu werden.

Als junger Hund zeigte Oliver eine andere Seite des Zusammenspiels zwischen Tier und Mensch. Statt durch Beobachtung zu lernen, nahm er sich ein Spiel vor, das er kannte, und entwickelte es durch selbsterfundene Regeln weiter, die wir dann zu befolgen hatten. Whippets werden auf Geschwindigkeit und zur „Sichtung" von Beute gezüchtet. Wenn wir also mit ihm an den Strand gingen, jagte er gerne dem Ball nach, und im Gegensatz zu vielen anderen Whippets war er sogar sehr gut im Apportieren – zumindest, wenn er wollte! Da ich in meiner Jugend leidenschaftliche Handballspielerin war, kann ich gut werfen. Deshalb fiel diese Aufgabe mir zu, selbst wenn er mit beiden Frauchen unterwegs war. Eines Tages beschloss er, dass er auch Stephanie an dem Spiel beteiligen wollte. Es dauerte ein wenig, bis der Groschen fiel, aber plötzlich war mir klar, was er wollte. Seine Regeln waren wie folgt: Er gibt mir den Ball, ich werfe ihn Stephanie zu, die ihn so weit von Oliver weg kickt, wie nur irgend möglich, damit er ihn jagen und mir bringen kann – und genau so haben wir's gemacht. Sobald wir versuchten, die Reihenfolge zu ändern, spielte er nicht mehr mit. Er war zu dem Schluss gekommen, dass diese Reihenfolge am besten funktionierte – und er hatte recht!

Hunde als Heiler

Bei Agility und Jagd, aber auch im Alltag ist zu beobachten, dass Hunde, neben der Befähigung zur Partnerschaft mit dem Menschen, auch über die Fähigkeit verfügen, Gesten zu deuten. Diese Eigenschaften werden seit Langem erfolgreich bei der Ausbildung von Blindenhunden genutzt und haben sich im Laufe der Jahre weiterentwickelt zur Ausbildung von Begleithunden für Hörgeschädigte und Menschen mit anderen Körperbehinderungen. Heute gibt es Hunde, die sogar eine Waschmaschine bedienen, die Post aus dem Briefkasten holen und ans Telefon gehen können. Dies verhilft ihren Menschen nicht nur zu größerer Unabhängigkeit, sondern sie haben, wie diejenigen sagen, die einen solchen Hund bei sich haben, einen Freund und Partner gewonnen, und es ist sehr berührend, diese Bindung zwischen Mensch und Hund

zu beobachten. Sie nützt natürlich nicht nur dem Menschen, sondern auch dem Tier bei der Entwicklung seiner kognitiven Fähigkeiten und seiner Selbstwahrnehmung als einzigartiges, sich seiner selbst bewusstes Wesen. Eine lebensverändernde Situation für alle Beteiligten! Mensch und Tier profitieren vom Anstieg des Wohlfühlhormons Oxytocin, das sowohl beim Menschen als auch beim Tier ausgeschüttet wird, wenn Tiere geknuddelt und gestreichelt werden.

Nicht alle Hunde verfügen über die Geduld, derart personenbezogene Helfer zu werden. Einige Rassen, wie Labrador und Retriever, sind dafür besser geeignet als andere. Der hyperaktive Spaniel allerdings leistet Erstaunliches, wenn er Drogen in Koffern oder an Flughäfen erschnüffeln soll. So hilft er der Polizei im Kampf sowohl gegen Drogen als auch gegen Menschenhandel. Der Schäferhund unterstützt die Polizei natürlich schon seit Langem bei der Verbrecherjagd. Hunde haben zahlreiche Menschenleben gerettet und bei großen Katastrophen wie Lawinenunglücken und Erdbeben Verschüttete aufgespürt. Auch die Streitkräfte setzen Hunde ein, zum Beispiel zum Erschnüffeln von Bomben und Landminen. Vor Kurzem habe ich ein sehr berührendes Buch mit dem Titel *It's all About Treo* gelesen, die wahre Geschichte über das unverbrüchliche Band zwischen einem solchen Hund, Treo, und seinem Hundeführer Dave Heyhoe. Es erzählt nicht nur von einem unglaublich begabten Schnüffelhund, sondern auch von dem Band der Liebe zwischen Hund und Mensch, das so stark war, dass beide füreinander ihr Leben riskierten. Zu dieser Geschichte gehört auch, dass Treo für seine Arbeit in Afghanistan der höchstdekorierte lebende Hund aller Zeiten wurde.

Der neueste Arbeitsbereich, in dem sich unsere Hunde-Geschwister als besser erweisen als die modernste Technik, liegt auf medizinischem Gebiet. Manche Menschen mit Epilepsie profitieren inzwischen von einem Hund, der sie rechtzeitig vor einem bevorstehenden Anfall warnt, sodass sie sich vor einer Episode in Sicherheit bringen können. Weitere Beispiele sind Hunde, die Krebs entdecken oder Diabetiker darauf hinweisen können, dass sie Insulin spritzen müssen, weil der Blutzucker stark abgefallen ist.

Ich las von einer Dame, deren Hund anfing, an ihrem Atem zu schnuppern. Es kam ihr merkwürdig vor, da er es jeden Tag immer wieder tat. Schließlich dachte sie, der Hund glaube vielleicht, es sei etwas nicht in Ordnung. Sie ging zu ihrem Hausarzt, der sie zum CT schickte. Dieses zeigte leichte Unregelmäßigkeiten in ihrer Lunge, die aber auf eine noch nicht vollständig überstandene Entzündung des Brustkorbs zurückgeführt wurden. Weil der Hund jedoch weitermachte, holte sie auf eigene Kosten eine Zweitmeinung ein. Die Diagnose lautete Krebs in einem frühen Stadium. Sie wurde operiert, dank ihres Hundes erfolgreich, denn der Krebs hatte noch nicht metastasiert.

Ich hoffe und bete, dass dies die Zukunft für Tiere und auch für Menschen ist: Eine echte Partnerschaft in Liebe und Respekt. Mir wäre es viel lieber, ein Hund würde mich untersuchen, statt dass ständig schädliche hochfrequente Strahlung aus superteuren Technikwundern auf meinen Körper einprasselt. Natürlich haben auch diese ihre Berechtigung. Ihr Nachteil ist allerdings, dass sie einem erst dann sagen können, dass etwas nicht stimmt, wenn es bereits stark manifest und daher in einem CT eindeutig zu erkennen ist. Außerdem wird man der schädlichen Strahlung des Geräts ausgesetzt.

KATZEN

Katzen sind noch nicht so lange domestiziert wie Hunde. Viele Jahre nahm man an, die erste domestizierte Katze habe vor etwa 3600 Jahren in Ägypten gelebt. Entdeckungen aus den letzten zehn Jahren haben diese Auffassung jedoch verändert. Neueren Forschungen von C. A. Driscoll, S. J. O'Brien, J. Clutton-Brock und A. C. Kitchener zufolge haben sich die domestizierten Katzen offenbar aus der Wildkatzen-Linie mit der Bezeichnung *Felis Silvestris Lybica* entwickelt, also aus der Afrikanischen Wildkatze oder der Nubischen Falbkatze, wie sie auch genannt wird. In einer anderen Studie aus dem Jahr 2004 berichtet Jean-Denis Vigne vom staatlichen Naturkundemuseum *Muséum national d'histoire naturelle* in Paris von Indizien, die darauf hindeuten, dass die Menschen auf Zypern vor etwa 9500 Jahren Katzen gehalten haben. Nach Großbritannien kam die Hauskatze vor etwa 2100 Jahren, nach Amerika vor 500 und nach Australien vor 400 Jahren (*Scientific American*, Herbst 2015).*

Warum also sind Katzen und Menschen zusammengekommen? Im Gegensatz zu Hunden sind Katzenwesen Einzeljäger (von Löwenrudeln abgesehen) und verteidigen ihr Territorium vehement gegen andere Katzen desselben Ge-

* In Festlandeuropa gibt es Darstellungen von Hauskatzen auf griechischen Vasen aus der Zeit um 450 v.u.Z. Im 1. bis 3. Jahrhundert verbreitete sich die Hauskatze im Römischen Reich und erreichte den deutschen Sprachraum nach Funden vor 1600 bis 1300 Jahren. (Anm. d. Ü.)
Quelle: de.wikipedia.org/wiki/Hauskatze#Geschichte_der_Domestizierung.

schlechts. Andere Haustiere wurden für bestimmte Aufgaben gezüchtet. Katzen haben menschliches Territorium wohl aber eher deshalb aufgesucht, weil es dort für sie etwas zu holen gab.

Zur Zeit der Domestizierung der Katze war die Kultur matriarchalisch, das heißt, die Gesellschaft wurde von Frauen beherrscht, und man verehrte die Große Mutter oder Göttin. Wir sprechen hier von einer Zeit um 10 000 v.u.Z. „Frauen errichteten die ersten Kornkammern und Vorratsspeicher; manche waren in den Boden eingelassen, auf sumpfigem Untergrund standen sie jedoch auf Pfählen. Frauen domestizierten die Katzen, um das Getreide vor Nagern zu schützen.“ (Otis Tufton Mason, *Woman's Share in Primitive Culture*, 1894).

Dass es so lange gedauert hat, bis aus den Katzen die zugewandten Gefährten wurden, als die wir sie heute kennen, könnte daran liegen, dass die Häuser damals weder Türen noch Fenster hatten und man daher unmöglich verhindern konnte, dass Hauskatzen sich mit verwilderten Katzen und Wildkatzen paarten. Die bewusste Zucht zur Förderung bestimmter Eigenschaften hat in der westlichen Kultur erst in den letzten paar hundert Jahren begonnen. Trotzdem gibt es kaum Hinweise darauf, dass Katzen sich in derselben Weise verändert haben wie Hunde, sieht man von ihrer größeren Toleranz füreinander sowie ihrer Akzeptanz des Menschen und Liebe zu ihm ab.

Um die tiefere Kommunikation mit unseren Katzen zu verstehen, müssen wir uns wohl ihre Verbindung zu Ägypten und die Verehrung der Katze in dieser Kultur sowie ihren Platz in den spirituellen Überzeugungen der Ägypter ansehen. Berichte über diesen Glauben sprechen von Göttinnen und Göttern aus anderen Welten, die in uralter Zeit in Ägypten wandelten. Eine von ihnen ist die Göttin Bastet – eine gütige Verkörperung eines Sonnenaspekts. Mit ihrem Katzenkopf und Menschenkörper war sie ursprünglich eine Löwengöttin – eine Göttin der Freude, die vor Krankheiten schützte. Eine weitere Löwengöttin ist Sachmet, die nach dem Glauben der Ägypter eine starke Verbindung zum Sirius hat. Sirius hatte bei den Ägyptern große Bedeutung und galt als Heimat der Isis. Man kann sich durchaus vorstellen, dass Katzen für die

Ägypter aufgrund dieser Verbindung zu ihren geliebten Göttern und Göttinnen aus alter Zeit als Botinnen zwischen den beiden Welten galten.

Die besondere Beziehung zwischen Katzen und Frauen hat sich über die Jahrhunderte hinweg erhalten. Bei europäischen Hexen fungierten Katzen als „Hausgeister", und man schrieb ihnen telepathische Fähigkeiten zu. Deshalb wurden während der Inquisition besondere Scheiterhaufen errichtet, auf denen neben den Frauen alle Katzen im Ort verbrannt wurden. Moderne Hexen würden jedoch behaupten, dass Katzen unser Zuhause vor unerwünschten Astralwesen beschützen und deshalb von Menschen gehalten wurden, die sich mit dem Paranormalen und den heiligen Heilkünsten beschäftigten.

Vielleicht sind Katzen deshalb für uns seit jeher rätselhafter und schwerer zu verstehen. Es könnte jedoch auch einen einfacheren Grund geben. Hunde sind Rudeltiere mit einer Sozialstruktur, die der unseren näher ist – vielleicht ein Grund, warum wir Hunde besser verstehen als Katzen. In freier Wildbahn leben Wölfe in Familienrudeln aus einem Elternpaar und ihrem Nachwuchs, anders als in Gefangenschaft, wo nicht miteinander verwandte Wölfe zwangsweise zusammenleben müssen. Nur dann bildet sich ein hierarchisches Rudel, etwas, von dem wir bisher fälschlicherweise gelernt haben, dass es für alle Wölfe typisch sei, auch in freier Wildbahn. In jedem Fall fügt sich der Hund in die Familiensituation mit Ihnen als Elternteil oder ins Rudel mit Ihnen als der Alphaperson ein. Gleich, ob der Hund die Rolle des „Kindes" oder eines rangniedrigeren Hundes einnimmt, die Beziehung funktioniert in beiden Fällen. Ein gehorsamer, gut erzogener Hund ist eine Freude, bleibt aber sein Leben lang von Ihnen abhängig, und zwar sowohl psychisch als auch körperlich, nämlich im Hinblick auf Nahrung und Wohnung.

Katzen sind zwar räuberische Einzelgänger, bilden aber in Gefangenschaft, genau wie verwilderte Katzen, ebenfalls soziale Gruppen. Über ihre Sozialstruktur „in freier Wildbahn" weiß man nicht viel, anscheinend ist in ihnen aber dieselbe hierarchische Struktur angelegt wie bei Hunden.

Ich hatte immer das Gefühl, einen Hund zu haben, sei so, als ob man ein Kind im Haus habe, wohingegen man bei einer Katze sein Zuhause eher mit einem weiteren Erwachsenen teile. Ich vermute, dass Katzen zwar gerne bei uns leben und in Sachen Futter von uns abhängig sind, im Wesentlichen aber auch ohne uns überleben können, wenn sie ausgesetzt werden oder entlaufen.

Menschen lieben Hunde und Katzen aus unterschiedlichen Gründen. Manche geben zu, dass sie Katzen nicht mögen, weil man sie nicht im selben Maße kontrollieren kann wie einen Hund. Ich persönlich mag die Unabhängigkeit von Katzen. Ich mag ihre überlegene Haltung und ihre Eigenständigkeit in dem Sinne, dass sie sich von ihrer Umgebung zumeist überhaupt nicht beeinflussen lassen. Von Katzen kann ich sehr viel lernen, und auch ästhetisch finde ich sie einfach hinreißend.

Katzen sind heute in Großbritannien das beliebteste Haustier. Zweifellos hat dies sehr viel mit ihrem selbstständigen Wesen zu tun, das besser zu unserem dicht getakteten Lebensstil passt. Ein Hund ist im Gegensatz dazu meist gar nicht glücklich, wenn er den ganzen Tag allein gelassen wird, weil sein Mensch zur Arbeit geht. Wenn Sie eine Katzenklappe einbauen, kann eine Katze kommen und gehen, wann sie will, und ein völlig eigenständiges Leben führen, wenn Sie nicht da sind. Das soll nicht heißen, dass Katzen Sie nicht vermissen, wenn Sie weg sind, denn wenn Sie nach Hause kommen, fordern sie oft Ihre volle Aufmerksamkeit und laden Sie abends vor dem Fernseher zu ausgiebigen Kuschelsitzungen ein. Meiner Erfahrung nach sagt eine Katze immer, was sie will – und bekommt es meistens auch.

Ein weiterer Aspekt ist für mich, dass es bei einem Hund mehr ums „Tun" geht. Mit einem Hund unternehmen wir sehr viel, bei einer Katze hingegen geht es mehr ums „Sein". Anders als bei einem Hund mit seinen kooperativen Fähigkeiten und seinem Willen zu gefallen, bestimmt eine Katze meistens selbst, wann und wie viel Zeit sie mit Ihnen verbringt. Das heißt nicht, dass ihr nichts an Ihnen liegt. Wir müssen allerdings lernen, dass die beiden Arten ihre Liebe und Zuneigung – sogar Hingabe – unterschiedlich zeigen. Wie sehr viele Tiere verfügen auch Katzen über eine ausgeprägte mediale Begabung und können uns durchschauen. Sie durchschauen uns energetisch, und die gemeinsame Kommunikation ist eher ein stilles Miteinander – ein Gespräch im Schweigen. Ich beobachte dies bei unserem neuen Tierheim-Kater Merlin. Am liebsten mag er die Zeit, wenn wir eine Tasse Tee trinken und er zwischen uns sitzen und die Atmosphäre in sich aufnehmen kann. Es ist auffällig, wie sehr er diese Zeit des Beieinanderseins liebt.

In letzter Zeit berichten die Medien vor allem darüber, in welcher Form Hunde zu medizinischen Zwecken eingesetzt werden können. Ich glaube, dass Katzen über dieselben Fähigkeiten verfügen, auch wenn dies für uns wahrscheinlich nicht ganz so deutlich erkennbar ist, weil Katzen von Natur aus schwerer zu durchschauen sind. Ihr Gesicht ist weniger ausdrucksvoll, und zumeist äußern sie sich auch lautlich weniger häufig. Mein Silber-Tabby Storepus ist ein gutes Beispiel: Im Gegensatz zur landläufigen Meinung können die Sommer in Norwegen manchmal sehr heiß sein, bis zu dreißig Grad und mehr. An einem dieser herrlichen Sommertage lag ich im Garten auf einer Decke und sonnte mich, als plötzlich Storepus auftauchte. Er war anscheinend mit irgendetwas unzufrieden, aber ich begriff nicht, womit, sodass ihm schließlich nichts anderes übrigblieb, als mich in Arm und Fesseln zu beißen. Das tat weh, also stand ich auf. Aus einem unerfindlichen Grund verspürte ich den Impuls, meine Decke in den Schatten unter dem Apfelbaum zu ziehen. Zufrieden ließ er sich dort nieder, und ich beschloss, dort zu bleiben. So war es ihm offensichtlich recht, und er trollte sich. Dies wiederholte sich mehrere Tage nacheinander. Es war mir ein völliges Rätsel, bis irgendwann der Groschen fiel.

Seit einigen Jahren litt ich unter sehr belastenden heftigen Kopfschmerz-Attacken, wenn ich mich zu lange ungeschützt in der Sonne aufhielt. Tatsächlich hat sich dieses Problem im Laufe der Zeit noch verstärkt. Offensichtlich wusste mein Kater dies und versuchte, es mir auf die einzige, ihm mögliche Art und Weise zu sagen. Ich glaube, manchmal müssen Tiere geradezu verzweifeln, wie schwer wir von Begriff sind, wenn sie versuchen, uns etwas zu sagen. Wie man hört, haben Hunde und Katzen ihre Besitzerinnen und Besitzer auch vor Gefahren wie Bränden oder Gaslecks gewarnt.

Meistens verrichten die Katzen ihre Heilungsarbeit an uns jedoch durch ihre Anwesenheit, etwa indem sie dicht beim Solarplexus auf unserem Schoß sitzen, wenn wir aufgewühlt oder wütend sind; oder sie machen es so wie Missi, wenn mein Gedankenkarussell gar nicht mehr zum Stillstand kommen wollte und ich nachts nicht einschlafen konnte. Dann legte sie sich auf mein Kissen, wickelte sich um meinen Kopf und schnurrte. Es hat jedes Mal funktioniert. Wenn ich Menstruationsschmerzen hatte, die für gewöhnlich am ersten Tag zwischen zehn und vierzehn Uhr besonders stark waren, legte sie sich zu mir ins Bett oder setzte sich, wenn ich zu unruhig war, auf meinen Nachttisch, bis die Schmerzen vorbei waren, und tat, was immer sie „tun“ oder „sein“ musste.

Meiner Erfahrung nach wissen viele Haustiere, auch Katzen, dass Kinder eben Kinder sind. Besonders bei Storepus habe ich dies beobachtet. Gegenüber Kindern verhielt er sich ganz anders und forderte sie auf, mit ihm zu spielen. Normalerweise war er nicht sonderlich verspielt. Die Norwegische Waldkatze einer Freundin kümmerte sich besonders hingebungsvoll um ihren kleinen Sohn. Sobald er weinte, war Tasha da und sprang zu ihm hoch oder setzte sich neben ihn, schnurrte, so laut sie konnte, und leckte ihm das Gesicht, bis er sich beruhigte.

In Zeitungsberichten war mehrfach zu lesen, wie Katzen das Leben autistischer Kinder verändert haben. Durch die Katze konnten sie in dem Sinne aus sich herauskommen, dass sie sich durch die Aufmerksamkeit und Freundschaft der Katze bestätigt und verstanden fühlten. An früherer Stelle habe ich geschrieben, dass Temple Grandin, die selbst Autistin ist, erklärte, autistische Menschen dächten genau wie Tiere in Bildern. Offensichtlich verstehen diese Katzen die Bedürfnisse dieser Kinder, denn sie sind ihnen gegenüber unglaublich loyal und aufmerksam – und geduldig. Dasselbe gilt für Hunde.

Vor nicht allzu langer Zeit habe ich das Buch *Iris und Thula* von Arabella Carter-Johnson gelesen. Es ist die Geschichte ihrer stark autistischen Tochter, die in den ersten Lebensjahren praktisch überhaupt nicht kommunizieren konnte und ganz in ihrer Welt gefangen war. Als die Familie sich eine Katze anschaffte, Thula, schien Iris sich zu öffnen

und kommunizierte wie nie zuvor. Einen bestimmten Vorfall finde ich aus Sicht der Katze besonders bemerkenswert. Iris hasste Wasser, weshalb Baden stets ein Albtraum war. Durch Zufall entdeckte Iris' Mutter, als sie selbst badete, dass Thula als Maine-Coon-Katze Wasser liebte. Daher versuchten sie, Thula dazu zu bringen, zu Iris in die Wanne zu steigen. Da Iris aber weinte und sich heftig dagegen wehrte, im Wasser sein zu müssen, sprang Thula wieder heraus. Die Eltern glaubten schon, dies sei der letzte Versuch gewesen, doch die Katze kam zurück und brachte eine Perlenkette mit, mit der sich Iris an diesem Tag ausgiebig beschäftigt hatte. Die Katze sprang auf den Wannenrand und ließ die Kette ins Wasser fallen, was Iris' Aufmerksamkeit weckte. Dann sprang sie selbst ins Wasser. Damit hatte sie es fertiggebracht, dass Iris sich allmählich mit Wasser und Baden anfreunden konnte, sodass es kein Albtraum mehr war, sondern gern angenommen wurde. Die Maine Coon ließ sich sogar den Kopf shampoonieren, damit Iris auch bei sich selbst das Haarewaschen zulassen konnte.

Zu Iris' Geschichte gehört auch, dass sie eine außergewöhnlich begabte Künstlerin ist und stundenlang Aquarelle malt, während Thula neben ihr sitzt und ihr beim Malen zusieht. Ihre Mutter sagt, das Band zwischen Katze und Kind habe ihre Familie gerettet.

In gleicher Weise sehen wir, was Katzen bei älteren Menschen in Alten- und Pflegeheimen bewirken können, in denen das Personal über die Weitsicht und Einsicht verfügt, Katzen als Mitarbeiterinnen „einzustellen". Anscheinend verfügen Katzen über ein inneres Wissen, wer sie am meisten braucht, und suchen sich die Personen entsprechend aus. Ein etwas unheimlicherer Aspekt dieser tierischen Intuition zeigte sich bei einem Kater namens Oscar in einem Pflegeheim in Rhode Island, USA. Oscar schien stets zu wissen, wer in dem Pflegeheim als Nächster sterben würde und hielt sich dann bei diesem Menschen auf. 2007 machte diese Geschichte weltweit Schlagzeilen. Einer Katze einen „Arbeitsauftrag" zu geben, erzeugt eine echte Win-Win-Situation. Viele obdachlose Katzen bekämen ein Zuhause, und die Bewohnerinnen und Bewohner ihre tägliche „Dosis" Wohlfühlhormon – ganz zu schweigen davon, dass sie Gesellschaft hätten und ihr Alltag, der vielen recht trost- und sinnlos erscheint, einen Sinn bekäme.

Tiergestützte Therapie und Forschung

Katzen und Hunde sind natürlich nicht die einzigen Tiere, die positive Wirkungen auf Menschen haben. Bei der tiergestützten Therapie werden Tiere wie die oben erwähnten, aber auch Kaninchen, Vögel, Meerschweinchen, Pferde und sogar Fische sowie – vielleicht die berühmtesten von allen – Delfine eingesetzt. Die psychischen Probleme, bei denen tiergestützte Therapie zur Anwendung kommt, sind unter anderem Schizophrenie, klinische Depression, Angststörungen, Aufmerksamkeitsdefizitstörung mit Hyperaktivität (ADHS) sowie Autismus und andere Entwicklungsstörungen.

Die Wirksamkeit ist allerdings umstritten. Es ist fraglich, ob die Wirkung anhält oder ob es sich lediglich um einen kurzfristigen Stimmungswechsel handelt, welcher der Freude, Entspannung oder Begeisterung zuzuschreiben ist. Außerdem stellt sich ein ethisches Problem, insbesondere was die Unterstützung durch Delfine anbelangt. Haben wir das Recht, sie in Gefangenschaft zu halten? Meiner Meinung nach lautet die Antwort nein, doch eine Begegnung mit ihnen in freier Wildbahn ist nur wenigen Privilegierten möglich.

Nachweisen konnte die Forschung (von Karen Allen, University of Buffalo, und James Blascovick, University of California, Santa Barbara) jedoch, dass die Anwesenheit eines geliebten Haustiers bei einer anspruchsvollen Aufgabe – etwa schwierigem Kopfrechnen – insgesamt Blutdruckspitzen verhindert. Die Gegenwart eines Freundes oder einer Freundin hat hingegen nicht diese Wirkung. Außerdem zeigt eine Studie, dass Börsenmakler, die sich nach dem Zufallsprinzip entweder einen Hund oder eine Katze zulegen sollten, einen niedrigeren Blutdruck aufwiesen als die Kontrollgruppe ohne Haustier (Karen Allen).

Insgesamt herrscht also offenbar Einigkeit, dass Tiere uns guttun und viele Tiere wertvolle Gefährten sein und soziale Unterstützung geben können. Außerdem können sie dafür sorgen, dass es uns im Alltag besser geht, insbesondere Kindern und älteren Menschen, die aufgrund von Vernachlässigung und mangelnder Unterstützung an Depressionen leiden. Ob Tiere bei schwerwiegenderen Problemen wie etwa Autismus langfristige Veränderungen bewirken können, ist wissenschaftlich noch nicht erwiesen. Eine meiner liebsten Redewendungen lautet allerdings: Probieren geht über Studieren! Die zuvor genannten Beispiele und viele ähnliche Geschichten, über die in den Medien berichtet wurde, scheinen die Ansicht zu stützen, dass die Vorteile echt sind; und wenn sie diesen Menschen eine bessere Lebensqualität schenken können, dann trägt schon allein dies zu ihrer Heilung bei.

Nicht alles wird „wieder gut“, aber wir können lernen, mit unseren Problemen zu leben, so gut uns dies möglich ist, und wie wir am Beispiel von Iris und Thula gesehen haben, können Tiere einen Beitrag dazu leisten. Vollkommen anerkannt ist inzwischen jedoch, dass Tiere mit ihren diagnostischen Fähigkeiten sowohl in der Pflege als auch auf medizinischem Gebiet wertvolle Helfer sein können. Ich glaube, hier liegen noch sehr viele unentdeckte Möglichkeiten – solange diese begabten Tiere dabei auch ein art- und wesensgerechtes Leben erhalten.

Kapitel Zwölf

Tiere als Seelenbildner

Am Anfang aller Dinge waren Weisheit und Wissen bei den Tieren, denn Tirawa, der über allem ist, sprach nicht direkt zum Menschen. Er sandte bestimmte Tiere aus, dem Menschen zu sagen, dass er sich durch die Tiere zeigt, und dass der Mensch von ihnen und von den Sternen und dem Meer und dem Mond lernen soll. ... Denn alles erzählt von Tirawa.

Lekatos-Lesa, Häuptling der Pawnee*

Können Sie sich unsere Erde ohne Tiere, Insekten und Vögel vorstellen? Malen Sie sich nur einmal wenige Minuten aus, wie das wäre ...

Vor zwanzig Jahren erhielten die Menschen in Cumbria, wo ich heute lebe, einen Vorgeschmack darauf. Damals waren die Wiesen und Berghänge in dieser nordenglischen Grafschaft und vielen weiteren Teilen Großbritanniens plötzlich ihrer friedlich weidenden Schafe und Rinder beraubt. Wo sie zuvor überall in der Landschaft gestanden waren, wurden ihre Kadaver nun auf großen Scheiterhaufen verbrannt. Aufgrund der grassierenden Maul- und Klauenseuche wurde die

* Aus: The Indians' Book: An offering by the American Indians of Indian lore, musical and narrative, to form a record of the songs and legends of their race, aufgezeichnet und hrsg. von Natalie Curtis, Harper and Brothers Publishers, New York & London 1907, S. 96, siehe http://entersection.com/posts/1093-letakots-lesa-eagle-chief-and-natalie-curtis-on-pawnee-songs

Region brachgelegt. Einwohner haben mir von der unheimlichen Stille und Leere erzählt, die fast mit Händen zu greifen war. Der Tod war sehr viel mehr als die Vernichtung der Tierkörper; es war der Tod der Lebenskraft, die durch die Tiere in der Landschaft gegenwärtig gewesen war. Natürlich war sich nicht jeder dessen bewusst, aber für die, die es spürten, und für die Bauern war dies eine sehr traurige Zeit.

Ich glaube nicht, dass uns klar ist, wie sehr wir mit den Tieren verbunden sind, nicht nur auf praktischer, funktionaler Ebene in Form unserer vermeintlichen Abhängigkeit von ihnen bei Ernährung und Kleidung, sondern auch auf seelischer Ebene. In Kapitel Fünf haben wir vom Tibeter erfahren, dass die Menschen aus einer Mischung aus Tierseele und göttlicher Seele bestehen. Er sagt: „Die Menschheit ist Ausdruck zweier Seelenaspekte – der Tierseele und der göttlichen Seele – und diese beiden, im Menschen miteinander vermischt und verschmolzen, bilden die menschliche Seele."* Aus der Psychologie wissen wir, wie wichtig es ist, dass wir eine gute Spiegelung erhalten, damit wir zu einem gesunden, harmonischen Erwachsenen heranreifen können. Die Spiegelung kommt zunächst von der Mutter, mit der wir in einer symbiotischen Beziehung stehen. Dies entspricht in etwa dem, was das Tier zu seiner Gruppenseele hat. Wenn das Kind sich später als getrennt von seiner Mutter wahrzunehmen beginnt, werden andere Familienmitglieder, etwa der Vater, andere Erwachsene und Geschwister, in diese

* The Animal Kingdom: A Spiritual Perspective, S. 37.

Spiegelung einbezogen. Die Eltern oder andere Bezugspersonen, die ihre Rolle übernehmen, sind jedoch am wichtigsten, denn an ihnen orientieren wir uns, und ihnen vertrauen wir von Geburt an. In gewisser Weise vertreten sie die göttlichen Eltern. (Spiegeln ist ein psychologischer Fachbegriff für das Aufnehmen und die Nachahmung nonverbaler Zeichen einer anderen Person.)

Spiegeln die Eltern das Verkehrte, verwirrt dies das Kind. Wenn es häufig vorkommt, haben wir ein Kind, das nicht weiß, wer es ist. Geschehen kann dies, wenn die Eltern selbst nicht richtig gespiegelt wurden und daher ihre eigene Verwirrung auf das Kind projizieren.

Ein Beispiel: Mein Optimismus und meine Begeisterungsfähigkeit sind Eigenschaften, die ich bei mir selbst zu schätzen gelernt habe und die, rückblickend betrachtet, in jahrelanger Krankheit meine Rettung waren. Als Kind wurden sie allerdings nicht unbedingt gefördert. Ich erinnere mich, dass ich oft voller Begeisterung nach Hause kam und wollte, dass meine Mutter sich mit mir freute – nur um von ihr eins auf den Deckel zu bekommen, indem sie mir ihre eigene Angst spiegelte und sagte: „Freu dich nicht zu früh, sonst wirst du bloß enttäuscht.“ So lernte ich bald, dass Begeisterung nicht unbedingt etwas Gutes ist, und erzählte nicht mehr davon. Zum Glück hat mein optimistischer Geist dies überstanden!

Meine Freundin Stephanie Sorell schildert in ihrem Buch *Nature as Mirror* (Die Natur als Spiegel) ihre Kindheit in einem Elternhaus, in dem viel Verwirrung herrschte und Geisteskrankheiten auftraten. Was ihr andere Familienmitglieder als Reaktion auf ihr Verhalten spiegelten, war daher nicht gerade heilsam oder auch nur angemessen. Als Naturliebhaberin begann sie deshalb, in ihrer natürlichen Umgebung nach Antworten zu suchen. Sie schreibt darüber, wie die Natur ihr zur Lehrerin und Mutter wurde.

Ich glaube, wir brauchen auch als ganze Menschheit Spiegelung. Wie Stephanie halte ich die Natur für einen wunderbaren Spiegel. Sehr deutlich zeigt sich dies in der Philosophie und Lebensweise indigener Völker, zum Beispiel in der Kultur der amerikanischen Ureinwohner, die wahrscheinlich in der westlichen Welt das bekannteste Beispiel ist. Für die amerikanischen Ureinwohner waren die Natur, Tiere und Menschen *ein* organisches Ganzes. Sie verehrten die Tiere, und vielleicht war die Kultur der Totemtiere ein Bekenntnis dazu, dass manche Seelenqualitäten der Tiere sich auch in uns spiegeln. Sie lehrten, jeder Mensch habe ein Krafttier oder ein Totemtier oder einen Tiergeist, ebenso auch der Stamm, der Clan und sogar die Familie.

Der Schamane hatte die Macht, mit diesen Tierwesen auf der Astralebene zu kommunizieren und sie um Rat und Hilfe zu bitten. Der moderne Mystiker Rudolf Steiner bestätigt dies, wenn er sagt: „Der astrale Plan ist von Wesenheiten bevölkert, die weit gescheiter sind als der Mensch; die tierischen Gruppen-Ichs sind sehr gescheite Wesenheiten." Hier spricht er von der Gruppenseele der Tiere.

Außerdem erkennt er, dass wir in derselben Weise wie die Lebenskraft der Naturwelt auch die Gesamtsumme der Tierseelen in uns haben. In der Tierwelt finden wir die Menschenseele ausgebreitet. Wenn wir also in die Natur hinausschauen und mit dem Studium der Tiere beginnen, sehen wir unsere eigene Tierseele in allen ihren Facetten gespiegelt. Ähnlich inkarnieren zu bestimmten Zeitpunkten in der Menschheitsgeschichte große Avatare, Manifestationen der der göttlichen Seele, um der Menschheit den Weg zu weisen und als Spiegel für unsere göttliche Seele zu wirken. Leider erkennen wir dies nicht und machen sie zu Göttern, die angebetet werden sollen, statt sie als Spiegel unserer göttlichen Seele und Leuchtfeuer aus der Fünften Ebene, der Seelenwelt (siehe Kapitel Fünf), zu erkennen. White Eagle sagt: „Verehrt wird das Bild oder die Form statt das, was die Form erschaffen hat." Dennoch sind diese Wesen Sterne, an die wir unseren Blick heften können, um unser Schiff (unsere Seele) sicher nach Hause zu führen: Wesen wie der Buddha und Meister Jesus, Franz von Assisi und andere große Lehrer aus allen Zeiten.

Was wird mit uns als Art geschehen, wenn wir diese Spiegel verlieren? Wie wird es sich anfühlen, wenn die Tiere verschwinden? Der Tibeter sagt, der Mensch sei das Gehirn der Natur, Tiere der Ausdruck des Herzens. Ich bin einer Meinung mit Chief Seattle, wenn er sagt: „Wir würden eine große Leere der Einsamkeit empfinden." Eine große Leere im Herzen.

Totemtiere oder Krafttiere: Die Anrufung der Seelenqualitäten der Tiere

So, wie wir von den Meistern und Avataren etwas über unsere göttliche Seele lernen können, können wir von den Tieren sehr viel über unsere Tierseele lernen. Zwar ist es unsere Bestimmung, unser Tierselbst beherrschen zu lernen, aber wir müssen erkennen, dass wir uns dieses Teils zunächst einmal bewusst werden müssen, um ihn zu verstehen und von ihm zu lernen. Es geht nicht darum, diesen Teil abzuspalten, sondern seine Schwingung auf eine höhere Ebene zu heben, indem wir uns seiner bewusst werden. Statt das Kind mit dem Bade auszuschütten, bauen wir seine Qualitäten in unsere göttliche Seele ein und integrieren sie. In ihrem Buch *Das keltische Tierorakel* sagen Philip und Stephanie Carr-Gomm:

„Solange wir die Tiere in uns ablehnen, können wir nie wahrhaft Mensch sein. Um unsere Menschlichkeit wiederzuerlangen, müssen wir sie annehmen – sie lieben und jedes Einzelne kennenlernen, das in unserem Herzen und unserer Seele lebt."

Um mehr über die Seelenqualitäten von Tieren zu erfahren, können wir ihre Lebensweise beobachten. Vielen ist dieser direkte Kontakt heute jedoch nicht immer möglich. Daher ist es hilfreich, wenn wir uns der Weisheit der indigenen Kulturen oder der modernen Schamanen zuwenden und die vielen Bücher lesen, die es zum Thema Totemtiere und Krafttiere gibt.

Diese Bücher sollten wir aber immer nur als Richtschnur benutzen – denn der wichtigste Faktor sind unsere eigenen Gefühle und das, was jedes Tier uns individuell spiegelt. Auf diese Weise sind wir in der Lage zu meditieren, zuzuhören und die „Medizin", die sie bringen, zu empfangen. In der Tradition der nordamerikanischen Ureinwohner erklären Jamie Sams und David Carson im Begleitbuch zu ihren *Karten der Kraft*, dass Medizin „alles ist, was die eigene Verbindung zum Großen Geheimnis und zu allem Lebendigen verbessert. Dazu gehört mithin auch die Heilung von Körper, Seele und Geist. Medizin in diesem Sinne ist auch alles, was persönliche Kraft, Stärke und Verständnis bringt. Sie ist eine dauerhafte Lebensweise, die Mutter Erde und allen unseren Partnern, Familie, Freunden und Mitgeschöpfen, Heilung bringt."

Der Schamane greift auf die Tiermedizin und andere Medizin zurück. Die Tiere wurden als „Totemtiere" oder „Krafttiere" bezeichnet, zwei Begriffe, die manchmal synonym verwendet werden. Totemtier war jedoch im Allgemeinen der Begriff für Tiere des Stammes, der Familie oder des Clans, wohingegen der Begriff Krafttier sich heute eher auf das persönliche Tier oder die Tiere der einzelnen Person bezieht, sagt Steven D. Farmer, der Autor des Buches *Krafttiere*. Ich werde von hier an den Begriff Totemtier verwenden, weil er der geläufigere ist.

Totemtiere werden ihrer Funktion nach häufig als Geistführer in Tiergestalt betrachtet, Verbündete, die uns auf unserer Lebensreise mit all ihren Herausforderungen helfen können. Diese Geisttiere sind wohl eher mit der Gruppenseele zu verbinden als mit einem individuellen Tier; dem Schamanen oder Suchenden aber können sie in der physischen Gestalt eines einzelnen Tieres erscheinen.

Aufgabe der Totemtiere ist es, auf uns aufzupassen und uns in vielerlei Art und Weise zu helfen. Da diese Beziehung keine Einbahnstraße ist, erleben sie umgekehrt durch uns das menschliche Leben. Da unser Tier uns Kraft gibt, ist es auch wichtig, dass wir ihm die Dankbarkeit, Zuneigung und Achtung erweisen, die es verdient. Im Begleitbuch zu ihren *Karten der Kraft* sagen Jamie Sams und David Carson: „Wenn du die Kraft eines Tiers anrufst, bittest du darum, mit der Stärke des innersten Wesens dieses Geschöpfs völlig in Einklang gebracht zu werden."

Im 21. Jahrhundert fällt es uns wohl schwer zu glauben, dass diese Bilder reale Wesen von großer Weisheit und Intelligenz sein sollen. Vielleicht können wir sie eher als archetypische Kräfte aus der Natur akzeptieren, auf die wir zurückgreifen können. Da ich sowohl Erfahrungen mit einzelnen Tieren machen konnte als auch die Gruppenseele von Tieren „gesehen" und wahrgenommen habe, finde ich es selbst nicht schwierig, sie als „real" zu akzeptieren.

Durch unsere Entwicklung als Teil der Lebenskraft haben wir meiner Auffassung nach zu einigen Tieren eine größere

Affinität entwickelt als zu anderen. Diese gehören zu unserem Seelenwesen, gerade weil wir uns innerhalb der Tierwelt entwickeln und über eine unbewusste Seele oder Tierseele verfügen. Wie die Schamanen können wir auf der Astralebene mit der Seele dieser Tiere – in Gestalt der Totemtiere – in Kontakt treten.

Meist ist uns diese natürliche Fähigkeit jedoch abhandengekommen, da wir die instinktive Bindung an die Rhythmen der Natur verloren haben und häufig taub geworden sind für die Natur als Lehrerin sowie für die Stimme der Tierwelt. Wir haben das Staunen, den Zauber, die Fähigkeit verloren, in allem – auch in uns selbst – die Gotteskraft oder Lebenskraft zu sehen. Wie die Tierkommunikatorin Anna Breytenbach sagt: „Wir leiden an der Trennungskrankheit – an der Trennung von der Natur."

Dadurch, dass wir unser Totemtier entdecken, uns mit ihm beschäftigen und lernen, mit seinem innersten Wesen zu verschmelzen, können wir lernen, auf seine Stärke, seine Weisheit oder seine Medizin, wie die Indigenen sagen würden, zurückzugreifen. Oder, falls uns dies lieber ist: Dadurch, dass wir uns über die Tiergestalt oder -symbolik mit diesen archetypischen Kräften verbinden, können wir lernen, die Muster oder Seelenaspekte unseres eigenen Lebens wesentlich besser zu verstehen, gleich ob durch Träume, Meditation, kreative Visualisierung oder schlicht durch Beobachtung.

Im Folgenden eine Liste von Tieren mit ihrer symbolischen Bedeutung und „Medizin": Da es sich hier nicht um ein Buch über Totemtiere handelt, kann ich nur wenige Beispiele aufführen und die Leserinnen und Leser auf die Literaturempfehlungen in einschlägigen Werken verweisen.

Beispiele für Krafttiere und Totemtiere

Berglöwe/Puma

Die Energie der Berglöwin lehrt uns die zielgerichtete Konzentration auf unsere Aufgabe, genau wie sie sich bei der Jagd auf ihre Beute einzig und allein darauf konzentriert. Diese Energie verleiht Führungsqualitäten. Ob sie Anhänger gewinnt, spielt für sie allerdings keine Rolle, denn es geht ihr in erster Linie darum, die anstehende Aufgabe zu lösen. Mit einer solchen Zielstrebigkeit macht man sich nicht unbedingt beliebt, und andere reagieren vielleicht ablehnend auf die Macht, die sie mit sich bringt. Die Energie wirkt fast instinktiv aus dem Herzen heraus und verleiht Stärke sowohl in körperlicher als auch in geistiger und spiritueller Hinsicht.

Ich empfinde eine Anrufung der Berglöwin als große Hilfe, insbesondere im Notfall oder wenn eine anspruchsvolle Aufgabe vor mir liegt, die meine volle Aufmerksamkeit, meine ganze Kraft und die Fähigkeit zu furchtlosem Handeln erfordert.

Bär

Vor Kurzem erschien mir ein Bär in der Meditation. Er stand auf den Hinterbeinen und trug eine goldene Kette mit einem sechszackigen Stern um den Hals, der sein Herz berührte. Dies erinnerte mich an die mythologische Verbindung des Bären zum Polar- oder Nordstern (Stella Polaris). Zwei Sterne im Sternbild *Großer Bär* (im deutschen Sprachraum auch *Großer Wagen*, in Irland auch *Pflug*) zeigen als sogenannte Polweiser zum Polarstern am nördlichen Himmelspol. Der Polarstern selbst ist wiederum der Hauptstern des Sternbilds *Kleiner Bär* (oder Kleiner Wagen).

Dieser Stern ist seit Anbeginn der Geschichte der Leitstern für Reisende und Seefahrer – eine äußere Manifestation der Seelenreise, bei der wir unserem inneren Stern „nach Hause“ folgen. In den babylonischen Sternenkatalogen wurde der *Große Bär* auch „Himmelswagen“ genannt!

White Eagle spricht vom sechszackigen Stern als dem Symbol der Geschwisterlichkeit und des Neuen Zeitalters (mehr darüber in Kapitel Vierzehn). In einigen Traditionen der nordamerikanischen Ureinwohner ist der Bär das Symbol der Geschwisterlichkeit und zugleich der Anführer der Waldtiere.

Ein Bär bringt Maskulines und Feminines ins Gleichgewicht und lehrt, nach innen, in die Höhle unserer Seele zu gehen, um Weisheit und die kreative Vision zu finden, die uns befähigt, unsere Entscheidungen aus einer Position innerer Stärke, spiritueller Stärke, heraus zu treffen.

Der Bär lehrt uns, genau wie er die süße Wahrheit zu suchen, den Honig der Götter. Außerdem lehrt er, dass es eine Zeit der Ruhe und eine Zeit des Handelns gibt.

Bär-Medizin verleiht eine Stärke und Autorität, bei der es ums Sein geht und nicht ums Tun, und der Bär gilt als der Lehrer des Schamanen. Er ist ein wunderbarer Lehrer und Verbündeter auf dem spirituellen Weg und hilft uns zu meditieren, indem wir uns tief mit der Kraft und den Rhythmen der Erde verbinden.

Hirsch

Hirsch-Medizin lehrt, uns stets flink und behutsam sowie mit scharfem Blick für unsere Umgebung zu bewegen, und sie warnt uns vor Gefahr. Der Hirsch hat scharfe Augen und ein sehr gutes Gehör, was die Fähigkeit verleiht, das Ungesagte zu erfassen, den Klang vor dem Klang.

Ein Hirsch lehrt uns, behutsam mit uns und anderen umzugehen, und weckt den Drang, uns in die unberührte

und reine Natur zurückzuziehen, wenn das raue und chaotische Stadtleben uns aufreibt.

Der Hirsch ist ein mystisches Geschöpf, und der Schamane oder die weise Frau hüllten sich in seine Haut, wenn sie Rituale vollzogen. Das Geweih galt als Antenne, die die Tiere mit der höheren, unsichtbaren Welt verbindet.

Der Hirsch lehrt uns Hingabe, ja sogar Selbstaufgabe mit sanfter Akzeptanz, wenn dies notwendig oder von uns gefordert ist.

Das Wildpferd

Pferde-Medizin ist Macht und Freiheit. Wahre Macht kann nur entstehen, wenn sie aus Liebe und Weisheit geboren wird. Macht ohne Liebe kann zu Aggression und Rücksichtslosigkeit werden. Die Macht des Pferdes ist mit Liebe, Ehre, Loyalität und Freundschaft verbunden. Das Pferd mahnt uns auch, unsere innere Macht und unser sexuelles Verlangen zu zügeln und kreativ – zum Beispiel durch Reisen – zu transformieren. Außerdem verleiht es die Fähigkeit, große Distanzen zu überwinden, um unsere Freiheit zu entdecken und eine neue Richtung einzuschlagen.

Darüber hinaus dürfen wir beim Pferd nicht vergessen, dass es ein Beutetier ist und daher bei Bedrohung mit Angst

und Flucht reagiert. Wird es in die Enge getrieben, schlägt es aus, um sich zu schützen.

Das Pferd kann in dieser Welt und im Jenseits reisen. Es heißt, es verfüge über mediale Kräfte, könne die Geister der Toten sehen, zwischen den Welten hin und herreisen und Botschaften überbringen sowie die Zukunft erahnen.

Elch

Elch-Medizin schenkt uns eine ruhige und sanfte Stärke, die uns Sicherheit und Zuversicht vermittelt. Vielleicht wird ihm deshalb das Attribut des Selbstwertgefühls zugeschrieben. Diese Eigenschaft wird häufig durch Erfahrung erworben und enthält daher die Weisheit des Wissens.

Elchkälber werden mit offenen Augen geboren. Vielleicht ziehen deshalb „alte Seelen" Elch-Medizin an, weil sie bewusst geboren werden und mit einem inneren Wissen oder eben „mit offenen Augen" durchs Leben gehen.

Ein Elch fühlt sich im Wasser wohl und kann bei der Nahrungssuche bis auf den Grund eines Sees tauchen. Diese Verbindung zum Wasser verknüpft Elche mit weiblicher Energie. Die Mütter haben gegenüber ihren Jungen einen extremen Schutzinstinkt. In Norwegen wurden wir als Kinder immer ermahnt, den Elchen im Wald aus dem Weg zu gehen, wenn sie Junge hatten, weil sie dann gefährlich sein konnten.

Den Rest des Jahres über ziehen die Elche mit großer Ruhe und Würde durch den Wald. Wenn nötig, bewegen sie sich aber mit hohem Tempo und überraschender Eleganz.

Der Elch kann sich gut tarnen. Deshalb ist Elch-Medizin auch mit der Fähigkeit verbunden, mit Leichtigkeit zwischen den Welten hin und her zu wechseln. Das Geweih des männlichen Elchs ist gleichsam eine Antenne und funktioniert wie eine Satellitenschüssel, die die höheren Energien für die höheren Chakras empfängt.

Wolf

Der Wolf ist vielleicht das Wildtier, das am meisten mit dem Menschen gemeinsam hat, insofern nämlich, als er einen ausgeprägten Familiensinn und ein Individualitätsempfinden besitzt. Mit dem Hund teilt er die Eigenschaft der Loyalität und der Intelligenz. Wölfe leben nach strengen Sozialregeln und Ritualen.

Für die Alten war der Wolf mit Sirius, dem Hundsstern, verbunden. Dieser galt als die Heimat von Götterwesen aus uralter Zeit, die gekommen waren, um die Menschheit die ewige Weisheit zu lehren. Deshalb wird der Wolf mit der Fähigkeit zu lehren und zu behüten verbunden. Wenn wir also Wolfs-Medizin anrufen, rufen wir unseren eigenen inneren

Lehrer herbei. Der Wolf ist außerdem mit dem Mond und daher mit der Intuition verbunden. Dies hilft uns, das intuitive Wissen der uralten Mysterien zu lehren.

Wölfe äußern sich lautlich und können über große Distanzen hinweg kommunizieren. Wenn wir Gelegenheit haben, ihrer Sprache zuzuhören, ist ihr „Gesang" ein magisches Erlebnis – und wenn wir ihren „Gesang" in unser Herz lassen, können wir Teil ihres Geistes werden.

Wölfe sind nicht von Natur aus streitlustig und geben sich größte Mühe, Ärger zu vermeiden. Sie vermögen schnell feste emotionale Bindungen einzugehen und lehren uns, in Bezug auf Menschen unserer Intuition zu vertrauen. Sie sind loyal und gehen lebenslange Paarbeziehungen ein.

Wolfs-Medizin führt uns auf neue Wege und befähigt uns, unsere Lebensreise selbst zu gestalten sowie Verantwortung für unser Leben zu übernehmen – und die wahre Freiheit zu erleben, die daraus entsteht.

Maus

Maus-Medizin lehrt uns, unsere Aufmerksamkeit auf die Dinge in unserer Nähe zu richten und auf alle Einzelheiten zu achten. Diese Aufmerksamkeit für Details verleiht die Fähigkeit, die Dinge in ihrer Tiefe zu untersuchen. Die Kehrseite ist natürlich, dass wir womöglich vor lauter Bäumen

den Wald nicht sehen. Deshalb ist es wichtig, dass wir stets daran denken, nicht den Blick für das große Ganze zu verlieren.

Die Maus sammelt Dinge und bewahrt sie zur späteren Inspektion auf; dies kann zu echter Sammelwut ausarten. Aber die Maus kann Dinge auch sehr gut in verschiedene Abteilungen einsortieren. Dadurch hat sie ein großes Organisationstalent und eine Gabe zur Systematisierung entwickelt.

Die Maus ist das Ziel vieler Raubtiere und hat ein sehr ausgeprägtes Gespür für Gefahr. Ihre Medizin lehrt uns, alles sorgfältig zu analysieren, für den Fall, dass sich hinter etwas scheinbar Harmlosem und Verlockendem eine Gefahr verbergen sollte.

Eine Maus ist mächtig in ihrer Weisheit, dass alles Große einmal klein begonnen hat: Auch die Eiche war zunächst eine Eichel, bevor sie zu so einem stattlichen Baum heranwuchs.

Zaunkönig

Der Zaunkönig galt als der „König der Vögel“; eine merkwürdige Bezeichnung für so einen winzigen, quirligen Vogel mit dem stets aufgestellten Schwanz und der Fähigkeit, blitzschnell und mit großer Souveränität zu verschwinden und wiederaufzutauchen, sowie mit einem Gesang, der derart laut und schmetternd ist, dass er in einem völligen Missverhältnis zu seiner Größe zu stehen scheint.

Der Titel „König der Vögel“ stammt aus einem Mythos, demzufolge der Zaunkönig einen Wettstreit mit dem Adler gewonnen hat, wer am höchsten fliegen könne. Dazu sprang er auf den Rücken des Adlers und forderte ihn auf, immer höher zu fliegen. Als der Adler nicht mehr weiter aufsteigen konnte, hüpfte der Zaunkönig von seinem Rücken und flog noch ein wenig höher. Manche mögen sagen, dieser Sieg sei durch Hinterlist errungen, andere würden es Pfiffigkeit nennen. Auch in anderer Hinsicht ist der Zaunkönig pfiffig und anpassungsfähig. Er kann sein Nest überall bauen, wo er Platz findet, sei es im Geißblatt, das sich an einer Hauswand emporrankt, oder in Höhlungen in einem Baum oder Felsen. Das Zaunkönig-Männchen muss sich bewähren und mehrere Nester bauen, bevor das Weibchen eines davon mit Federn aus ihrem Gefieder auskleidet und sich darin niederlässt.

Die kräftige Stimme des Zaunkönigs ist von der Morgen- bis zur Abenddämmerung zu hören und platzt geradezu vor Selbstbewusstsein. Es hat keinerlei Angst, sich mit seinem ratternden Warnruf einem beliebigen anderen Vogel, Tier oder Menschen entgegenzustellen. Wenn wir herausfinden wollten, in welchem Gebüsch sich unsere halbwilde Katze Freya versteckt hatte, haben wir immer auf den Zaunkönig gehört.

So lehrt Zaunkönig-Medizin Mut und Pfiffigkeit und eine energische Lebenseinstellung. Außerdem lehrt sie uns, uns

Gehör zu verschaffen, auch wenn wir uns womöglich unbedeutend vorkommen.

In alter Zeit galt der Zaunkönig als ein winziger Gott, der vom Himmel herabgekommen war und das Feuer auf die Erde gebracht hatte, symbolisiert durch seine kurzen, aufgestellten Schwanzfedern. In Schottland war das Zaunkönig-Weibchen die Henne der Himmelskönigin, in christlicher Zeit war der Zaunkönig der Ziervogel der Jungfrau Maria und kann daher als Symbol des Geistes an die Stelle der Taube treten.

Adler

Kein Vogel kann höher steigen als der Adler. Für die Pueblo-Indianer besaß der Adler die Fähigkeit, sich so weit hinaufzuschrauben, bis er durch ein Loch im Himmel in die Wohnstatt der Sonne gelangte. Auch in sehr vielen anderen Kulturen, einschließlich der ägyptischen, war er mit der Sonne verbunden – sowohl mit der physischen als auch mit der geistigen Sonne. Der Adler galt als mystischer Vogel und als Symbol des Geistes.

Allerdings ist ein Adler als gefährlicher Raubvogel auch mit der Erde verbunden – Seeadler und Fischadler außerdem mit dem Wasser, und zwar aufgrund ihrer Fähigkeit, zum

Beutefang tief hinunterzutauchen. Durch das Wasser steht ein Adler daher für den medialen und intuitiven Aspekt. Dies spiegelt sich in seiner Verbindung zum Sternzeichen Skorpion, in dem der Adler der höhere Aspekt der Schlange ist, sowie in der Verbindung zum Skorpion oder den niederen Aspekten dieses dreifachen Tierkreiszeichens. Daher wird ein Adler häufig mit einer Schlange in den Klauen dargestellt.

Adler-Medizin verleiht enorme Macht, Weitsicht und Weisheit. Sich mit Adler-Medizin zu verbünden, heißt, Verantwortung und Macht zu übernehmen. Aufgrund seiner Fähigkeit, sich hoch aufzuschwingen und tief hinabzutauchen, gilt der Adler auch als Götterbote. Wer Adler-Medizin in sich trägt, hat die Fähigkeit zu neuem Sehen, das weit in die Zukunft reicht und ebenso die Vergangenheit in der Gegenwart erkennt.

Ein weiterer mit dem Adler verbundener Mythos, möglicherweise hebräischen Ursprungs, ist die Fähigkeit, sich wieder zu verjüngen. Wenn ein Adler alt wird, fliegt er geradewegs zur Sonne, wird versengt, fällt dann ins Meer und taucht verjüngt wieder auf. Möglicherweise steht dies im Zusammenhang damit, dass die Sonne jeden Morgen wieder aufgeht, nachdem sie zuvor im Lauf des Tages den Zenit durchschritten und dann am Abend im Wasser (des Meeres oder eines Sees) verschwunden ist. So ist der Adler auch mit Taufe und Auferstehung assoziiert. Er ist außerdem das Symbol des Evangelisten Johannes und damit auch des Neuen Zeitalters des Johannes – des Zeitalters des Geistes.

Dies sind einige wenige Beispiele für Totem- oder Krafttiere. Wenn Sie die Hilfe von Tiermedizin brauchen, können Sie sie anrufen; und wenn Sie Ihr persönliches Totem- oder Krafttier, Ihren Geistführer in Tiergestalt, finden möchten, können Sie dies folgendermaßen tun:

Im Gebet (beten Sie darum, es möge Ihnen offenbart werden); durch Meditation oder indem Sie einfach Ihrer Intuition folgen und schauen, zu welchem Tier Sie sich hingezogen fühlen oder welches Tier in wichtigen Situationen anscheinend plötzlich auftaucht, entweder im Physischen oder vor Ihrem geistigen Auge.

Wenn Sie wissen möchten, welche Medizin die Tiere mit sich bringen, müssen Sie sich mit ihrer Lebensweise beschäftigen, mit ihren Fähigkeiten, ihrer Beute oder ihren Fressfeinden, oder viele der ausgezeichneten Bücher lesen, die es zu diesem Thema gibt.

Vielleicht möchten Sie auch die folgende Meditation ausprobieren.

Meditationsübung

Suche dir zunächst einen ruhigen Ort, wo du nicht gestört oder unterbrochen wirst. Mache es dir bequem, setze dich auf einen Stuhl oder den Boden (oder lege dich einfach auf eine Matte).

Entspanne dich mithilfe deines Atems. Atme dazu ein wenig langsamer und tiefer, bis du einen natürlichen Rhythmus findest. Spüre, wie sich deine Muskeln nach und nach entspannen.

Werde dir zugleich eines Lichtpunkts über dir bewusst – etwa einer Sonne oder eines Sterns, Symbole deines höheren Selbst. Beim Einatmen spüre, wie das Licht dieser Sonne oder dieses Sterns jede Zelle und jedes Atom deines Wesens erfüllt – du bist erfüllt von Licht.

Erblicke dich nun auf einer Wiese am Rande eines Waldes stehen. Der Wald wirkt dunkel und undurchdringlich, doch etwas zieht dich zu ihm hin. Da siehst du einen Weg, der in den Wald hineinführt. Du folgst diesem Weg, der ganz weich ist durch die Tannenadeln, die den Boden bedecken, oder wenn du dich in einem Laubwald befindest, durch die abgefallenen Blätter. Es ist, als schiene die Sonne durch das Blätterdach und leuchte dir auf deinem Weg.

Bald gelangst du an eine kreisförmige Lichtung im Wald. Hier siehst du eine Gruppe von Menschen mit friedlichen, strahlenden Gesichtern, die um ein Feuer sitzen. Du wirst eingeladen, dich zu ihnen zu setzen.

Du schaust in die Flammen, und sie scheinen sich zu verändern, sie werden strahlende Wesen – groß, beinahe formlos, aus schimmerndem, gold-weißem Licht. Du fühlst dich umhüllt, und dein Herz öffnet sich dieser liebevollen Präsenz.
Allmählich bemerkst du in den Bäumen in deiner Nähe etwas Bewegung und ein Rascheln. Du siehst Tiere. Teils zwischen den Bäumen verborgen, bilden sie einen Kreis um dich herum. Dann nimmst du wahr, dass ein bestimmtes Tier auf dich zukommt. Warte still und geduldig ab und lasse es so schnell oder langsam zu dir kommen, wie es möchte. ... Heiße dieses Tier aus der Stille deines Herzens heraus willkommen.
Nimm wahr, was das Tier dir übermitteln möchte – in Form eines Gefühls, eines Bildes, einer verbalen Botschaft oder einer Körpergeste. ... (Pause)

Wenn du soweit bist und es Zeit wird zu gehen, danke den Tieren und segne sie. Dann gehe still denselben Weg zurück, auf dem du gekommen bist, bis du wieder auf der Wiese stehst. Werde dir dann, wieder mithilfe deines Atems, deines Körpers bewusst. Sieh, wie aus deinen Fußsohlen Wurzeln sprießen, und lasse sie tief in die Erde hinunterwachsen. Lege dir einen Umhang aus Licht um und erschaue dich in einem Kreuz aus Licht, das zum Schutz von Licht umhüllt ist.

Denke stets daran, dass du, so oft du möchtest, wieder zu diesem Tempel im Wald kommen kannst, um mit deinem Totemtier und anderen Geisttieren, die zu dir kommen und dir behilflich sein möchten, Gemeinschaft zu halten.

Kapitel Dreizehn

Die Macht des Dienens

„Wir glauben, dass Tiere sich durch ihren Dienst am Menschen weiterentwickeln und der Mensch durch seine Verbundenheit mit den Tieren größere Weisheit sowie mehr Liebe und Verständnis für die tieferen Gesetze der Natur erlangt; daher sind die Tier- und die Menschenfamilie einander in gegenseitiger Liebe und gegenseitigem Dienen verbunden."

White Eagle

Sehr viele Menschen benutzen die Bibel als Rechtfertigung für ihr Verhalten und ihre Lebensweise in Bezug auf Tiere. In der Bibel heißt es, der Mensch solle sich die Erde untertan machen und über alles Leben auf Erden, im Meer und unter dem Himmel herrschen (1. Mose 26-28). Herrschaft bedeutet jedoch Verantwortung und Fürsorge, nicht Ausbeutung und Grausamkeit. Ein guter Herrscher ist wie ein guter Vater oder eine gute Mutter: mitfühlend, gerecht und weise. Wahre Macht kommt nicht von Dominanz, sondern von Dienen. Als Beispiel fällt mir ein sehr beliebter norwegischer König ein, der verstorbene Olav V. Sein Motto lautete „Alt for Norge", „Alles für Norwegen". Damit wollte er sagen: „Ich werde alles für mein Land und seine Menschen tun." Er betrachtete sich in erster Linie als Diener der Menschen, und er lebte seine Philosophie. Als er eine Operation benötigte, lehnte er es ab, in der Warteschlange der staatlichen Gesundheitsversorgung einige Plätze zu überspringen. Als es während der Ölkrise 1974 autofreie Wochenenden gab, wollte er keine Sonderbehandlung, sondern fuhr wie alle anderen mit dem Zug in die Berge zum Skilaufen, das er sehr liebte. Die Leute liebten und achteten ihn so sehr, dass er im Wald bei seinem Landsitz sogar ohne Personenschutz mit seinen Hunden spazieren ging, denn er wusste, er hatte vier Millionen Personenschützer in Gestalt der damaligen norwegischen Bevölkerung. Er nahm seine Aufgabe sehr ernst und hat die Monarchie in Norwegen in vieler Hinsicht gerettet – durch Anpassung ans moderne Leben und eine Haltungsänderung. Dafür erntete er landesweit Hochachtung.

Ich glaube, wir müssen unsere Einstellung gegenüber den Tieren ändern und von diesem Beispiel lernen. Allzu lang haben wir die Tiere ausgebeutet und wie Sachen oder Sklaven behandelt. Wenn wir nicht aufpassen, wird dies am Ende unser Untergang sein. Zum Beispiel ist es weder für uns noch für den Planeten nachhaltig, eine weltweit schnell wachsende Bevölkerung mit billigem Fleisch zu versorgen. Die Menge an Treibhausgasen, die die Fleischindustrie ausstößt, ist atemberaubend; diese Branche zählt zu den größten Umweltverschmutzern. Wenn wir noch einmal in die Bibel und dort in das erste Kapitel der Genesis (1. Mose) schauen, dann steht dort nichts davon, dass wir Tiere oder Fische essen sollen. Gleich nach der oben erwähnten Stelle heißt es (Vers

29): „Und Gott sprach: Sehet da, ich habe euch gegeben alle Pflanzen, die Samen bringen, auf der ganzen Erde, und alle Bäume mit Früchten, die Samen bringen, zu eurer Speise." Vers 30 besagt: „Aber allen Tieren auf Erden und allen Vögeln unter dem Himmel und allem Gewürm, das auf Erden lebt, habe ich alles grüne Kraut zur Nahrung gegeben."

Hier kann man fragen, und was ist mit den Raubtieren? Die essen schließlich Fleisch. Das tun sie zweifellos, doch dies könnte sich ändern, wenn sich die Menschheit ändert. White Eagle wurde einmal zur Problematik einer gut genährten Katze befragt, die dennoch weiterhin Vögel jagte und verspeiste. In seiner Antwort sagte er unter anderem: „Sie werden es für etwas weit hergeholt halten, aber wir wissen – oder glauben zu wissen – wenn die Liebe Christi auf Erden waltet und aus dem Herz-Chakra des Menschen vollständig offenbar wird, dann wird es derartige Grausamkeiten auf Erden nicht mehr geben. Tiere werden auf die Liebe ansprechen. Wenn das Gleichgewicht der Erde wieder richtig hergestellt ist – jetzt ist es nicht richtig, denn es gibt Unausgewogenheiten – dann wird die Katze keine Vögel fressen." An anderer Stelle lässt er die Bibelworte anklingen, die oft als „und der Löwe wird beim Lamm liegen" (siehe Jesaja 11, 6-9 neben Offenbarung 21) wiedergegeben werden und eröffnet einen Ausblick auf die Zukunft:

„Eine neue Erde ...Der Löwe wird beim Lamm liegen ... das Lamm, das alle Schrecken durch die wilden Tiere in längst vergangener Zeit überlebt hat ... das Lamm weidet immer noch friedlich auf dem Feld. Die Taube lebt trotz der Geier, und das Lamm und die Taube werden leben und die Erde segnen, wenn alles, was fürchterlich ist, vergangen ist und sich durch seine eigenen Zerstörungsmethoden vernichtet hat."

White Eagle spricht in seinen Lehren oft darüber, dass heute im Allgemeinen keine Notwendigkeit zum Fleischkonsum besteht. Wo es aber doch einmal unumgänglich ist, Fleisch zu essen, sollte es mit Weisheit und Dankbarkeit angenommen werden, so sagt er. Allerdings betont er:

„Mutter Erde schenkt das goldene Korn und die Früchte und das Gemüse und die Samen. Diese genügen den physischen Bedürfnissen des Körpers. Und von Mutter Erde findest du in den Kräutern und den Blumen alle Arznei, die zur Heilung des Körpers notwendig ist und den Menschen durch Reinigung des Blutflusses und Reinigung der Emotionen in einen Zustand vollkommener Gesundheit versetzt."

Ja, er sagt sehr deutlich, dass in Zukunft keine Tiere mehr zu Nahrungszwecken getötet werden – und er geht sogar so weit zu behaupten: „Wenn ihr das Verspeisen des Fleisches eurer Geschwister abschafft, werdet ihr damit auch Krieg und alle Konflikte abschaffen."

Dr. Lascelles vertritt eine ähnliche Ansicht und erklärt:

„Tiere sind keine Menschen, aber sie sind ganz sicher Gottes Sprösslinge, und von euch wird erwartet, dass ihr sie als solche betrachtet, da Gott sie auf die Welt gebracht hat wie Er auch euch auf die Welt gebracht hat. Wenn ihr lernt, ihre Rechte nicht länger mit Füßen zu treten, lernt ihr damit auch, euch untereinander mehr zu respektieren.“*

White Eagle betont, dass wir der Tierwelt in vieler Hinsicht zu Diensten sein können, und fordert uns außerdem auf, den Mut zu haben, bestimmte gesellschaftliche Normen zu brechen. Er sagt:

„Eine Möglichkeit des Dienens besteht darin, das Licht der Liebe über die Tierwelt zu breiten – nicht aggressiv, sondern behutsam, durch Gedanken und Beispiel. Es reicht nicht aus zu sagen ‚diese Grausamkeit kann ich nicht mitansehen‘, ihr müsst euch daranmachen, in ganz einfachen Schritten eure Rolle zu erfüllen und unter dem Einfluss aus eurem Inneren zu Harmonie und Liebe beizutragen. Weigert euch, aus reiner Bequemlichkeit die Gewohnheiten und Gebräuche zu akzeptieren, mit denen die Menschen die Schwachen und Hilflosen ausbeuten.“

Eine weitere wichtige Möglichkeit, der Tierwelt zu dienen – etwas, worüber wir bereits gesprochen haben und das große Vorteile für beide Seiten bietet – ist das Halten von Haustieren. Flower A. Newhouse hat ihre Zuhörer stets dazu ermutigt. Sie betrachtete es als seine Art des Dienens auf dem spirituellen Weg. Sie sagt: „Es liegt im Wunsch des Inneren Rates, der vom Geistigen her alle Lebensformen beaufsichtigt und unterstützt, dass jede menschliche Familie ein Haustier beherbergt und jedes Herrchen oder Frauchen eines solchen

* *A Pilgrimage With the Animals*, S. 13.

Schützlings Sorge trägt für die Förderung von dessen Intelligenz und Fortschritt in schöpferischer Verhaltensweise."* Viele Besucher haben Questhaven mit einem der Streuner verlassen, die dort stets ein Zuhause fanden.

Es ist ermutigend, dass in Großbritannien, das offenbar zu einer Nation von Haustierfreunden geworden ist, in jedem vierten Haushalt ein Hund lebt und Katzen seit Neuestem zum beliebtesten Haustier geworden sind.** Doch leider bieten nicht alle Menschen den Tieren annehmbare Bedingungen, und ich wage zu sagen, dies gilt in vielen Fällen auch für Kinder. Aber dies sollte uns nicht von den guten Entwicklungen ablenken. Wenn ich zum Beispiel beobachte, auf welche Weise viele Haustiere in der Ortschaft, in der ich wohne, leben können, kann ich ehrlich sagen, dass mir das Herz aufgeht, wenn ich sehe, was für eine Lebensqualität die Menschen ihren Haustieren hier bieten – dies gilt natürlich besonders für unsere kleine Gemeinde in Cumbria, die über Zugang zu einem Naturschutzgebiet sowie endlose Strände mit Sanddünen verfügt. Hunde, deren Besitzerinnen und Besitzer gerne spazieren gehen, werden von der Leine gelassen, damit sie laufen und nach Herzenslust die Umgebung erkunden sowie befreundeten Hunden und Menschen begegnen und mit ihnen spielen können. Ich weiß, dass dies

---

* The Kingdom of the Shining Ones, S. 57; dt.: Lichtwesen, S. 44-45.

** In Deutschland leben nach Angaben des Zentralverbandes Zoologischer Fachbetriebe in 23 % der Haushalte insgesamt knapp fünfzehn Millionen Katzen und in 19% der Haushalte insgesamt etwa neuneinhalb Millionen Hunde. Die Zahlen gelten für das Jahr 2018. (Anm. d. Ü.)

Idealbedingungen sind, aber hoffentlich wiegen sie in gewisser Weise das grausame und eingeschränkte Leben auf, das viele Tiere erdulden müssen.

Nutztiere

Viele Leserinnen und Leser werden sich fragen: Und was ist mit Nutztieren? Was passiert mit ihnen und den vielen Bauern, deren Lebensunterhalt von ihnen abhängt, wenn wir alle Vegetarierinnen und Veganer werden? Bei meinem Studium der Werke der Lehrerinnen und Lehrer, die in diesem Buch herangezogen werden, bin ich nicht unmittelbar auf eine Antwort dazu gestoßen. Das Folgende sind also meine eigenen Gedanken zu diesem Thema im Lichte dessen, was ich bisher gelernt habe.

Ich glaube, wir müssen akzeptieren, dass das Leben sich verändert und alles sich weiterentwickelt. „Natürliche Veränderung" verläuft zumeist jedoch als Prozess und nicht plötzlich (die plötzlichen Veränderungen sind dann die, die für positive Schlagzeilen sorgen!). In dem Wandel, der infolge eines Prozesses eintritt, spiegelt sich häufig eine Bewusstseinsveränderung, deshalb werden die Menschen nach und nach dazu bereit sein. Ich glaube also nicht, dass wir eines Tages alle aufhören, zum Beispiel Rindfleisch zu essen, was zu einer Massenkeulung von Rindern führen würde.

Abgesehen davon haben wir in den letzten paar Jahren in der westlichen Gesellschaft eine ziemlich rasante Hinwendung zum Veganismus erlebt, wie sich durch fast im Wochenrhythmus erscheinende Zeitungsartikel über Veganismus oder vegane Rezepte zeigt. Dieser Trend wird offenbar nicht nur durch Tierschutzprobleme gefördert, sondern, wie bereits erwähnt, auch durch die Sorge um die Auswirkungen der Fleisch- und Milchindustrie auf den Klimawandel. Dies ist zweifellos das Resultat eines wichtigen Bewusstseinswandels, der gerade im Gange ist. Aber ich glaube, dass viele Nutztiere noch lange einen Platz bei uns haben werden, insbesondere die, die uns Milch (Kühe, Schafe und Ziegen) und Wolle geben. Der Umgang mit ihnen muss sich allerdings ändern.

Ein weiteres gutes Beispiel für eine Veränderung, die sich gerade aufgrund eines Bewusstseinswandels vollzieht, ist die grausame Pelztierzucht, für die Wildtiere vierundzwanzig Stunden am Tag in kleinen Gitterkäfigen gehalten werden. Ich glaube, zumindest für die Menschen in der westlichen Welt ist dies mehrheitlich inzwischen inakzeptabel, mit der Folge, dass die Branche in unserem Teil der Welt mittlerweile ausstirbt. (Durch Übertragungen des Sars-CoV-2-Virus von Nerzen auf Menschen wurde 2020 auch einer breiten Öffentlichkeit bekannt, dass es in westeuropäischen Ländern durchaus noch bedeutende Nerzfarmen gibt. In den Niederlanden wurde das für 2023 beschlossene Zuchtverbot daraufhin bereits zum Jahresende 2020 verfügt, in Dänemark und Spanien darf weiter gezüchtet werden. Ein weiterer großer europäischer Produzent ist Polen.)

Wenn wir über die Zukunft nachdenken, ist es sehr einfach, unsere Meinung nur auf Vergangenheit und Gegenwart zu stützen. Als ich neulich während einer Sendung des BBC-Nachrichtenkanals den Fernseher eingeschaltet hatte, sprach gerade ein Mann darüber, warum einige bekannte Politikerinnen und Politiker in Großbritannien (wie Margret Thatcher) am Ende „gescheitert“ sind. Er sagte, ihnen allen sei gemeinsam, dass sie ihre Politik fortwährend auf der Vergangenheit aufgebaut hätten. Das sprach mich sehr an, denn wenn ich etwas über die Zukunft sage, bekomme ich oft zu hören, dieses und jenes werde, zum Beispiel aufgrund aktuell bestehender Regelungen, ganz sicher nicht eintreten. Aber wer weiß, in zehn Jahren können diese Bestimmungen sich geändert haben! Außerdem können wir uns fragen, warum Führungspersönlichkeiten wie Abraham Lincoln, Dr. Martin Luther King jun. und Nelson Mandela unvergesslich wurden. Sie haben den Menschen die Hoffnung auf eine bessere Zukunft geschenkt; sie haben es gewagt, über die Gegenwart hinauszublicken. Sie haben es gewagt, an die Möglichkeit zur Veränderung zu glauben ...

Und die Veränderung ist eingetreten! Wenn wir also in die Zukunft schauen, dann gehört Massenkonsum womöglich nicht mehr dazu. Vielleicht sind uns all die Kleidungsstücke und Dinge, die wir eigentlich gar nicht brauchen, verleidet. Vielleicht sind wir stolz darauf, einen wunderbaren Lodenmantel, eine Wollstrickjacke oder einen Pulli zu tragen, die jahrelang halten. Ich glaube, dass ich nicht allzu falsch liege, wenn ich vorhersage, dass das Zeitalter des Materialismus allmählich enden wird, weil es unsere Seele nicht nährt.

Ich glaube auch, dass die Tiere sich verändern werden. Einige Arten haben vielleicht bald das Ende ihrer Entwicklung erreicht. Sie sind bereit für den nächsten Schritt auf der Evolutionsleiter. Aber selbst wenn eine Art physisch ausstirbt, sollten wir uns dann nicht vor Augen halten, dass nichts wirklich stirbt oder verloren geht? Rudolf Steiner sagt, wenn eine Art ausstirbt, sei dies wie der Tod einer Gruppenseele. Dann „reinkarniert" die Gruppenseele als eine andere, „verbesserte" Gruppenseele. Ob diese Gruppenseele sich auf der Erde oder anderswo manifestiert, können wir nicht wissen. Es kann durchaus sein, dass in Zukunft einige unserer Nutztiere den ersten Schritt auf dem Pfad zur Individualisierung tun. Einige sind dieser Schwelle offenbar schon nahegekommen.

Ein Beispiel ist das Hausschwein. Schweine sind sehr intelligente Tiere und scheinen im Kontakt mit dem Menschen förmlich aufzublühen, was sie zu ausgezeichneten Haustieren macht. Ich glaube, dass es unter den Nutztieren viele gibt, die erste Anzeichen von Individualität zeigen und sicherlich unter Beobachtung und bis zu einem gewissen Grad unter der Führung der *Budiel*-Engel stehen (siehe Kapitel Sieben). Außerdem möchte ich ein ganz bezauberndes Buch empfehlen, das eine ernstzunehmende Botschaft hat: *Das geheime Leben der Kühe* von Rosamund Young. Ich bin erst nach Abschluss der Arbeit am vorliegenden Manuskript auf dieses Buch gestoßen, aber ich finde, es verleiht meiner Argumentation zu Nutztieren Glaubwürdigkeit.

Und die Bauern? Ich glaube, viele Bauern haben sich im Laufe der Jahre bereits an sich verändernde Umstände anpassen müssen und werden dies weiterhin tun, wie viele andere Branchen auch. Wenn ich die BBC-Sendereihe „Country File" über das Leben auf dem Land in Großbritannien ansehe, beobachte ich, dass Veränderungen bereits im Gange sind. Ich habe Beispiele für gute, anständige, humane Landwirtschaft gesehen, mit der sich die Bauern bereits an eine sich verändernde Welt anpassen. Diese Bauern und ihre Produkte brauchen unsere Unterstützung und angemessene Preise.

Welche Richtung die Veränderungen nehmen werden, hängt faktisch von unserem Bewusstsein als Menschen ab. Rosamund Young sagt: „Tiere glücklich zu machen und ihnen zu erlauben, ihre natürlichen Verhaltensinstinkte auszuleben, ist nicht nur moralisch und ethisch geboten, sondern auch wirtschaftlich sinnvoll.“ (*Das geheime Leben der Kühe*, S. 24.) Diese Worte kommen von einer Bauerntochter, deren Eltern dies seit vielen Jahren so handhaben.

Der Konflikt zwischen Tier und Mensch

An dieser Stelle möchte ich die Aufmerksamkeit der Leserinnen und Leser auf eine erstaunliche Schrift lenken: *Der Streit zwischen Thier und Mensch* (*ein arabisches Märchen aus den Schriften der Lauteren Brüder [Rasā'il Ikhwān aṣ-Ṣafā']*). Die Geschichte ist bereits tausend Jahre alt und angeblich indischen Ursprungs. Erstmals niedergeschrieben wurde sie auf Arabisch von Muslimen, später auf Geheiß eines mittelalterlichen christlichen Königs von einem Juden ins Hebräische übersetzt. Die moderne Übersetzung ins Englische besorgten zwei Juden und ein Christ, die Illustrationen stammen von einer Pakistanerin in Diensten einer saudischen Prinzessin (die Übersetzung ins Deutsche besorgte der bedeutende Arabist Friedrich Heinrich Dieterici im 19. Jh., A.d.Ü.). Mehr Interreligiosität und Interkulturalität geht nicht!

In dieser bemerkenswerten Geschichte beklagen sich die Tiere vor dem König der Genien „über die erlittene Unbill und die Übergriffe der Menschen gegen sie". Daraufhin werden auch die Menschen vorgeladen und angehört. Den Fortgang dieser bemerkenswerten Auseinandersetzung will ich nicht verraten, aber ich kann sagen, dass das Verfahren zugunsten der Tiere entschieden wird. Da jedoch das Hohe Gericht bei den Menschen gewisse Fortschritte erkennt, erhalten sie eine zweite Chance, und die Tiere verbleiben wie zuvor unter der Obhut des Menschen. Aber es wird auch eine Warnung ausgesprochen: Für den Fall, dass die Menschheit wieder in ihre alte Verhaltensweise verfällt, werden zehn Zeichen festgelegt. Wenn sie eintreten und die Menschheit sich nicht ändert, wird eine Katastrophe über sie kommen.

Folgende Zeichen wurden bestimmt:

1) Als Erstes werden die Tiere, eines nach dem anderen, für immer vom Angesicht der Erde verschwinden.
2) Die Luft in euren Siedlungen und Festungen wird schwer zu atmen sein.

   Falls wir uns dann immer noch nicht ändern:
3) Der Himmel wird schwächer werden und die Erde wird der Sonne ihre Blöße darbieten.

4) Das Wasser in euren Flüssen und der Regen am Himmel werden allmählich untrinkbar werden.

Wenn wir unser übles Treiben dann immer noch fortsetzen, geschieht noch Schlimmeres:

5) Die Jahreszeiten kehren sich um, und unser Klima steht Kopf.
6) Die Erde wird ihre Gaben nicht mehr spenden.
7) Der Himmel wird seinen Regen einstellen.
8) Mitten im Sommer werden die Pflanzen ihre Blätter abwerfen, und unreife Früchte werden zu Boden fallen, als wäre es Herbst.

   Das ist noch nicht alles. Wenn wir uns immer noch weigern, unser Verhalten zu ändern:

9) Die Tiere, die wir essen – Fische und Federvieh, alles, was kreucht und fleucht – wird Krankheit über uns bringen.
10) Aus Nahrungsmangel werden wir gezwungen sein, uns zu bekämpfen – und sogar zu essen.

Missachten wir diese Zeichen, werden wir Menschen unserer herrschaftlichen Stellung enthoben und nicht mehr über die Erde gebieten.

Am Ende gemahnt der König, als Stellvertreter des Höchsten Gerichts, die Menschen mit folgenden Worten an ihre Pflicht: Da sie einige Tiere domestiziert hätten, könnten diese nun in freier Wildbahn nicht mehr überleben, daher sind die Menschen für Gesundheit und Lebenskraft dieser Tiere verantwortlich. Er sagte: „Ihr sollt nicht über sie herrschen, sondern ihnen dienen, damit sie euch besser dienen können. Tiere sind einfältig. Wenn ihr eurer Pflicht gut nachkommt, vertrauen sie euch mit der Zeit vielleicht wieder."

In seinem Rat an die Menschen erkennen wir, dass der König weises Herrschen mit Dienen verbindet. Dieselbe Auffassung vertreten auch die weisen Lehrer und Meister aller Zeiten – nicht zuletzt Meister Jesus, als er seinen Jüngern die Füße wusch, um ihnen ein Beispiel zu geben, wie sie miteinander umgehen sollten (siehe Johannes 13, 1-5). White Eagle bestimmte, das Motto seiner Loge solle lauten: „Ich diene." Dies ist eine Lebenseinstellung, die meinem Empfinden nach ein gewisses Maß an Demut verlangt – ein häufig missverstandenes Wort, wie ich meine, das oft mit Schwäche verbunden wird. Bei einem Vortrag vor meiner Meditationsgruppe in Norwegen sagte ein Bekannter einmal, Demut sei für ihn, zu wissen, dass man nicht besser oder schlechter ist als alle anderen. Damit meinte er, so denke ich, das Wissen darum, dass wir im Grunde alle gleich sind – alle hervorgegangen aus dem Atem im Herzen des Schöpfers. Dieses Wissen erzeugt Hochachtung vor allem Leben und lässt uns erkennen, dass wir mit dem Dienst am Leben und an unseren Geschwistern, ob hoch oder niedrig, unserem Schöpfer dienen.

Eine weitere, daraus folgende Eigenschaft ist Sanftmut und Gewaltlosigkeit. Wir wissen, dass der Buddha, der große

Lehrer, Unschädlichkeit gegenüber allen empfindenden Wesen gelehrt hat. Bei Sanftmut denke ich an die Abbildung eines großen Häuptlings der nordamerikanischen Ureinwohner namens Eagle King, unter der geschrieben stand: „Nichts ist so stark wie Sanftmut, und nichts ist so sanft wie wahre Stärke." Ich habe dies nie vergessen und erfahren, dass es sehr wahr ist. Ich hatte einmal das Privileg, zwei Vorträge des Dalai Lama in Oslo zu hören, von denen einer im Rahmen der Verleihung des Friedensnobelpreises gehalten wurde. Beide Male stand ich einige kurze Momente in seiner Reichweite. Die Kraft und das Mitgefühl, die von ihm ausgingen, haben mein Herz-Chakra vollständig geöffnet und mich förmlich umgehauen. Diese Kraft steht scheinbar in großem Kontrast zum verspielten, ewig kichernden Auftreten dieses bescheidenen Mönchs. Irgendwie scheint beides nicht zusammenzupassen. Das Witzige ist aber, dass es perfekt zusammenpasst!!

Der Dalai Lama sagte in Oslo, er denke von sich immer als einem buddhistischen Mönch statt als dem Dalai Lama. „Ich bin bloß ein buddhistischer Mönch. ... Das bin ich auch, wenn ich träume." Die anderen äußeren „Hüllen" einer sogenannten zivilisierten Gesellschaft bedeuten ihm anscheinend nicht viel. Für mich ist dies das Erkennungszeichen eines Menschen, der genau weiß, wer er ist und was er ist, und gerade dies verleiht ihm große Macht. Wir übrigen Menschen haben zumeist noch einen weiten Weg vor uns, bis wir an diesen Punkt kommen.

Dr. Lascelles äußert allerdings folgende Hoffnung: „Irgendwann im Laufe der Zeit wird der Mensch unschädlich werden. Was ich sage, klingt einfach, aber darauf beruht die gesamte menschliche Evolution. ... Durch Unschädlichkeit gegenüber allen Wesen und Geschöpfen sorgt ihr für die Reinigung eures Bewusstseins. Denkt daran, es ist Euer Gewissen, das am Ende Ausgleich von euch fordern wird."*

Ich glaube, wenn wir wahrhaft unserem Gewissen, das heißt unserem Herzen, folgen, werden wir am Ende so weit kommen. Diese Absicht und diese Vision müssen wir uns stets vor Augen halten und versuchen, uns von den Ablenkungen der materiellen Welt nicht vereinnahmen zu lassen. Denn davon gibt es in der modernen Welt wirklich viele! Deshalb müssen wir uns ständig ermahnen, uns auf das Grundlegende zu besinnen, das Herz. Darin spricht die Stimme unseres wahren Selbst, unseres Geistes. Die Tiere können uns dabei helfen – denn sie bringen uns wieder in unser Herz.

---

* *A Pilgrimage With the Animals*, S. 15.

Kapitel Vierzehn

Die geschwisterliche Verbundenheit allen Lebens

Nur wenn wir mitfühlen lernen mit Mineralien, Pflanzen und Tieren, dann lernen wir auch fühlen, wie unser Ich ruht im ganzen Weltenall.

Rudolf Steiner

Wenn wir uns noch einmal das Modell der fünf Welten in Kapitel Fünf ansehen, erkennen wir, dass zwei Kräfte am Werk sind. Die erste ist mit der klassischen exoterischen Evolutionstheorie verbunden, derzufolge die Lebenskraft sich in der Materie mit zunehmender Komplexität ausdrückt, von den kleinsten Mikroben über die Mineralien, Pflanzen und Tiere bis zum menschlichen Körper, der an der Spitze der Nahrungskette steht. Dies ist der äußere Ausdruck der inneren (esoterischen) Evolution der Gruppenseele aus den niederen Welten, die tief mit Mutter Erde verbunden ist. So erklärt Steiner zum Beispiel, dass die Gruppenseele der Pflanzen ihr Ich im Mittelpunkt der Erde hat.

Wir haben gesehen, dass im Evolutionsprozess jede Welt als „Mutter" der nächsthöheren wirkt, wodurch eine wachsende Komplexität der Materie erreicht wird. In seinem Buch *Die Engel und die Entwicklung des Lebens* formuliert Geoffrey Hodson den Evolutionsprozess der Gruppenseele wie folgt:

„Weite Regionen der Erde mit ihrem Gehalt an Mineralien, eine Vielzahl von Bäumen, Pflanzen und Insekten sowie eine kleinere Anzahl anderer Tiere und Vögel sind die physischen Träger eines bestimmten beseelenden Lebens, das man eine Gruppenseele nennt. Die Evolution der Gruppenseelen erreicht ihren Höhepunkt im Tierreich, in dem die Anzahl der physischen Vertreter immer kleiner wird, bis zuletzt der Vorgang der Individualisierung – im Allgemeinen bei einem Haustier – eintritt und eine Menschenseele geboren wird.“*

Wie bereits erwähnt, erreicht die Gruppenseele ihren Kulminations- oder Höhepunkt in der Tierwelt. Von Rudolf Steiner erfahren wir, dass diese tierische Gruppenseele auf der Astralebene als bewusstes Wesen agiert, ihr Bewusstsein bei Tieren aber noch nicht die physische Ebene erreicht hat. Beim Haustier (Katzen, Hunden, Pferden, Elefanten) tritt Individualisierung ein – das heißt, eine beginnende Individualisierung und ein beginnendes Ich-Empfinden oder Bewusstsein seiner selbst – bis dieser Prozess schließlich zur Loslösung von der tierischen Gruppenseele führt. Daraufhin ist die Tierseele bereit, den Pfad der Menschenwelt zu beschreiten. Aber es findet auch ein weiterer Prozess statt, nämlich die Involution des Geistes und der Abstieg der Göttlichen Seele in die Materie, was dazu führt, dass sich die Göttliche Seele in der Materie ihrer selbst bewusst wird.

An dieser Stelle mag das Symbol des sechszackigen Sterns

* The Kingdom of the Gods, S. 80; dt.: Die Engel und die Entwicklung des Lebens, S. 101.

hilfreich sein. White Eagle hat seinen Schülerinnen und Schülern dieses mächtige Symbol gegeben, damit sie sich darauf konzentrieren und darüber meditieren können. Es besteht aus einem nach oben weisenden Dreieck, das mit einem nach unten weisenden verschmolzen ist. Das nach oben weisende Dreieck steht für das niedere oder kleine irdische Selbst, das nach oben strebt; das nach unten weisende Dreieck hingegen ist das höhere oder das wahre strahlende Selbst, das nach unten strebt, bis die beiden sich in vollkommener Harmonie ohne jegliche Trennung vereinen. Das Ergebnis symbolisiert unser erleuchtetes Selbst, die Meisterseele.

Im Schaubild habe ich meine eigene Interpretation dargestellt, wobei ich die Welt der Natur und das Tierselbst dem nach oben weisenden Dreieck zuordne, und die göttliche Seele, jener Teil des Menschen, der von den Sternen kommt, dem umgekehrten, nach unten weisenden Dreieck. Dieses Dreieck ist, so glaube ich, das wahre Selbst des Menschen und trägt den Gottesfunken in sich. Es steigt auf die irdische Ebene herab, um ein vollständiges Bewusstsein seiner selbst in der Materie zu erlangen. Wenn dieses umgekehrte Dreieck (die göttliche Seele), die Spitze des aufsteigenden Dreiecks (der Tierseele) berührt, wird das menschliche Tier geboren.

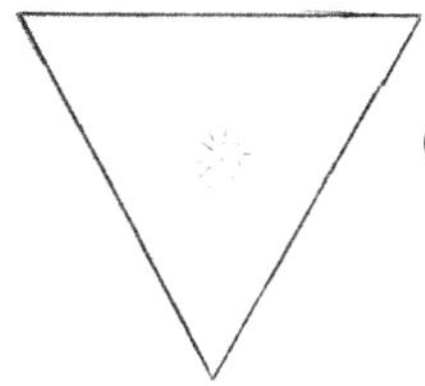

Göttliche Seele

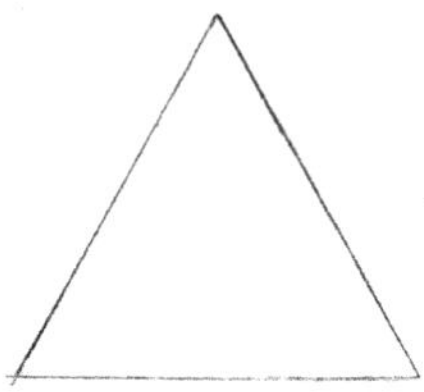

Tierseele

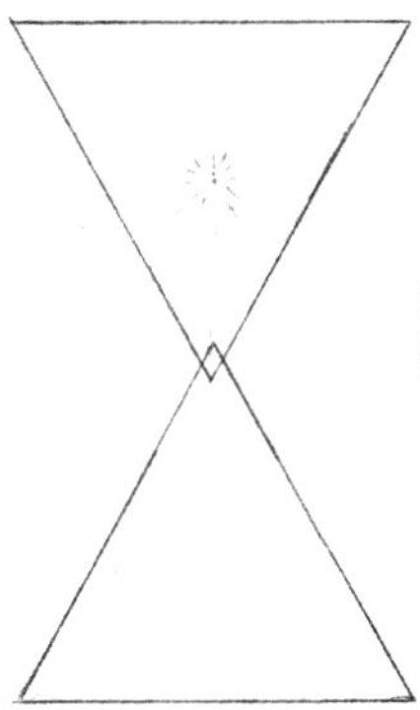

Ein Mensch wird geboren
(das menschliche Tier)

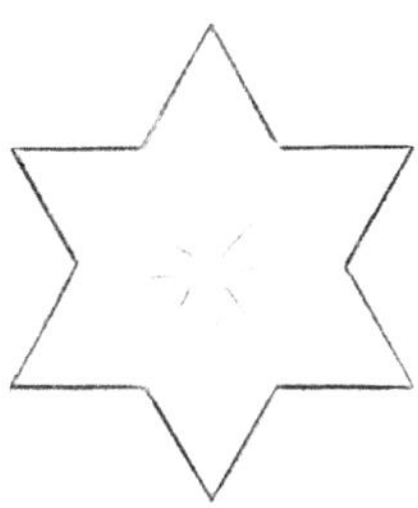

Die Menschenseele
(Meisterseele)

In der Menschenwelt erreicht der Involutionsprozess des Göttlichen in dem Moment seinen Höhepunkt, in dem das umgekehrte Dreieck, die göttliche Seele, vollkommen mit dem aufsteigenden Dreieck, dem Tierselbst, verschmilzt. Dann erhalten wir den vollkommenen sechszackigen Stern, erleuchtet vom göttlichen Funken, und alle Trennung entfällt. Das menschliche Tier wird Vollmitglied der Seelenwelt, der fünften Welt.

Daraus erkennen wir, dass Tiere und Menschen wesenhaft miteinander verbunden sind, sich auf demselben Weg befinden und dasselbe Ziel haben. Wenn man uns also sagt, dass wir alles, was wir unseren menschlichen Geschwistern antun, zugleich uns selbst antun, dann gilt dies ganz sicher auch für die Tiere – die ja tatsächlich unsere jüngeren Geschwister sind. In Linda Tuckers Buch *Die Löwenfrau* sagt Maria Khosa, die Löwenkönigin von Timbavati: „Bei der Arbeit mit Mutter Natur gibt es nur zwei einfache Regeln: ***Liebe*** und ***Respekt***. Wenn du dich daran hältst, wirst du nie Schaden nehmen, und die Natur wird dich immer beschützen."

Dr. Lascelles fasst seine Gedanken über unsere ganz besondere Beziehung zu den Tieren in die Worte:

„Ich schätze die Gefühle, die eure geliebten Tiergefährten in euch wecken. Solche Empfindungen sind richtig und sehr löblich, da sie, nicht minder als ihr selbst, ihren Teil zur Offenbarung des Göttlichen beitragen. In eurem Dünkel habt ihr nie begriffen, welche Rolle nicht nur die Haustiere, sondern auch die Wildtiere bei der Zivilisierung des Menschen gespielt haben, und ihr erkennt ihre Bedeutung in der Universalität des Geistes nicht. In der kosmischen Ordnung der Dinge gibt es keinen überwältigenden Unterschied zwischen euch, den Tieren und den unsichtbaren Engeln. Ihr seid grundsätzlich von gleichem Wesen, obgleich auf unterschiedlichen Stufen der Leiter."*

White Eagle spricht sehr häufig von der geschwisterlichen Verbundenheit allen Lebens, in das er Tiere und Engel ebenso einbezieht wie die Welt der Natur. Eines der Prinzipien der Geschwisterlichkeit beruhe darauf, so sagt er, dass das Geschwister auf einer Stufe der Leiter dem Geschwister auf der darunterliegenden Stufe die Hand reicht, während es zugleich die andere Hand nach der darüber liegenden Ebene ausstreckt, um Hilfe von denen zu erhalten, die sich auf der Stufe über ihm befinden, womit eine große Kette der Geschwisterlichkeit entstehe. Selbstverständlich drückt sich dieses Prinzip auf jeder Ebene ganz anders aus. So transformieren Tiere und Menschen zum Beispiel die Pflanzenwelt dadurch, dass sie sich die Pflanzen einverleiben und damit die Energie verwandeln, indem sie diese zu einem Teil des Tiers oder des Menschen machen. Ganz ähnlich kommt dies auch zwischen komplexeren Tieren und ihrer Beute, die sich auf einer niedrigeren Ebene der Nahrungskette befindet, zum Ausdruck. Auf die Menschenwelt und ihr Verhältnis zu Tieren ist dieses Prinzip nicht übertragbar, weil auf dieser Ebene ein weiterer Aspekt hinzugekommen ist – der Seelenaspekt.

* *A Pilgrimage With the Animals*, S. 13.

In Tieren wie etwa unseren Haustieren (Katzen, Hunde, Pferde, Elefanten) existiert eine weitere Dimension, da sie eine Brücke zwischen der gesamten Tierwelt (der dritten Welt) und der Menschenwelt (der vierten Welt) bilden. Ihre zunehmende Individualisierung trägt daher zur Erhöhung der Schwingung in der dritten Welt im Gesamten bei. Wie wir in Kapitel Sieben gesehen haben, erhalten die Tiere außerdem auf dieser Stufe durch den Kontakt mit den Menschen nicht nur vermehrt Hilfe bei ihrer Evolution/Involution, sondern sie werden zusätzlich zur Obhut der *Folatel*-Engel auch der Leitung und Fürsorge der *Budiel*-Engel (der Engel der Individualisierung der Tiere) unterstellt.

Ich finde es beruhigend zu wissen, dass jegliches Leben auf allen Lebensstufen von der Welt der Engel und Devas unterstützt wird. In *Die Engel und die Entwicklung des Lebens* sagt Geoffrey Hodson: „Die sich über Äonen hinziehende Entfaltung und Entwicklung wird beständig von Engeln überwacht und gefördert. Zu diesen Engeln gehören auch diejenigen, die den Vorgang der Teilung der Tier-Gruppenseele in einzelne menschliche Wesen steuern."* Ganz ähnlich wird uns auch versichert, dass jeder Mensch in die Obhut eines Schutzengels gegeben wird. Diese Engel sind wiederum mit der höheren Engel-Hierarchie, etwa den Erzengeln, verbunden.

Auf esoterischer Ebene haben wir von den Lehrerinnen und Lehrern erfahren, dass die spirituellen Meister der

* The Kingdom of the Gods, S. 80; dt.: Die Engel und die Entwicklung des Lebens, S. 101.

Menschheit dadurch dienen, dass sie Energie aus der geistigen Welt in unser Sonnensystem und andere Planetenzentren aussenden, gerade so, als wenn es die Aufgabe der Menschenwelt sei, Energie in die niedrigeren Welten auszusenden. Für die Tierwelt gehören dazu mentale Energie oder Gedankenkraft sowie Liebe und Mitgefühl.

In der Praxis kommt dies durch gute Tierhaltung und Sorge für das Tierwohl sowie dadurch zum Ausdruck, dass die Tiere als „gleichberechtigte Bürgerinnen und Bürger" dieses Planeten und als Lebewesen geachtet werden, mit denen wir uns dasselbe Ökosystem teilen. Dazu gehört auch die Fürsorge für die Tiere, die wir von uns abhängig gemacht haben und die in freier Wildbahn nicht überleben würden, sowie die Berücksichtigung ihrer artgerechten Bedürfnisse – insbesondere bei den Haustieren. Sie wiederum suchen bei uns Liebe und eine höhere Bewusstseinsform, denn darauf steuern sie zu. Dies schließt ein, dass sie die Chance erhalten müssen, ihre zunehmenden mentalen Fähigkeiten und ihren je individuellen Charakter weiterzuentwickeln.

Auf die Frage, ob Tiere göttliches Bewusstsein haben, gab White Eagle folgende Antwort (dies ist eine längere Version des Zitats, das ich am Ende von Kapitel Fünf angeführt habe): „Gottesbewusstsein findet sich nicht in den niedrigeren Lebensformen. Die Menschen streiten sich oft darüber, ob das Tier ein Bewusstsein für das Göttliche hat, kommen aber zu keinem Ergebnis. Wir sagen: ‚Ja, durch seine Hingabe an die

Menschen entwickelt das Haustier ein höheres Bewusstsein!‘ Aber ein göttliches Bewusstsein vermochten wir, die wir die Stufen der tierischen Entwicklung in der Materie beobachten können, bisher in Tieren noch nicht zu erkennen. Dabei dürft ihr aber nie vergessen, dass alle Tiere, auch die in freier Wildbahn, über die Menschheit vom Göttlichen Geist beeinflusst werden können. Deswegen hat die Menschheit der Tierwelt gegenüber eine gewichtige und große Verantwortung. Domestizierte Tiere und sogar Wildtiere erkennen die göttliche Qualität menschlicher Liebe wirklich. Aber nicht alle Menschen verfügen über diese göttliche Eigenschaft! Menschen sind grausam zu Tieren, weil sie den Sinn göttlicher Liebe nicht verstehen. Infolgedessen verteidigt sich das Wildtier, weil seine Instinkte es dazu auffordern.“ Weiter sagt er, der Unterschied zwischen tierischem Dasein und menschlichem Bewusstsein bestehe darin, dass der Mensch auf einer gewissen Stufe zu einem Gewahrsein des Göttlichen in sich erwacht.*

Mit Blick auf die Zukunft glaube ich, dass wir nur dann weiterkommen, wenn wir die Tierwelt mitnehmen. Wie White Eagle und andere Weise lehren, hängt dies davon ab, wie wir mit den Tieren umgehen – und was die Tiere anbelangt, so haben sie ihr eigenes Schicksal, das aufs Engste mit dem unseren und unserer Rolle bei ihrer Entwicklung verflochten ist. So sagt Dr. Lascelles:

„Für sie ist jetzt die Zeit zur spirituellen Entwicklung gekommen. Diese wird durch die Einstellung des Menschen

* *Stella Polaris*, October-November 1960, S. 144.

ihnen gegenüber angestoßen. Ihre spirituelle Entwicklung hängt vom künftigen spirituellen Fortschritt des Menschen ab. Der Mensch kann den Aufstieg des Tieres verzögern oder beschleunigen, je nachdem ob er ihm seine Liebe vorenthält oder freimütig schenkt." Weiter sagt er: „Die Potenzialitäten (Tiere) sind alle da und warten auf das große Erwachen. Die großen formenden Hände der Zeit müssen nun die Tiere umschließen, der Geist des Menschen muss sie segnen, und Gottes Gegenwart muss sie weiter beschenken."*

Interessanterweise lässt der Tibeter offenbar anklingen, dass Tiere, die bereit sind, in die Menschenwelt einzutreten, sehr lange warten müssen. Er sagt:

„Das Tor zur Individualisierung oder zum Eintritt in die Menschenwelt ist seit atlantischer Zeit verschlossen, doch unter dem neuen Einfluss wird es sich teilweise öffnen: Es wird einen Spaltbreit geöffnet, sodass einige wenige Tiere auf die Anregung der Seele reagieren und entdecken werden, dass ihr rechtmäßiger Platz auf der menschlichen Seite des trennenden Tores liegt."

Damit deutet er wohl an, dass dies erst im nächsten großen Zyklus, der nächsten „Runde" geschehen wird. An anderer Stelle sagt er jedoch etwas optimistischer: „Die Arbeit des Menschen mit den Tieren ist wirkmächtig in ihren Ergebnissen und wird schließlich zur Wiedereröffnung des Tores in die Menschenwelt führen. Einiges, was der Mensch bereits geleistet hat, hat die göttliche Erwartung übertroffen und

* *A Pilgrimage With the Animals*, S. 71, 72.

könnte eine Beschleunigung des Plans rechtfertigen." Außerdem weist er offenbar darauf hin, dass zur Förderung der Umwandlung der niederen Welten noch viel Arbeit auf die Menschen wartet, sobald wir die dazu notwendigen Kenntnisse erhalten haben. Dabei macht er jedoch auch klar: „Dass dies bis jetzt noch nicht geschehen ist, liegt an der Gefahr, die mit der Weitergabe des erforderlichen Wissens verbunden ist." „Mit den drei Welten" werden wir „erst arbeiten, wenn Geschwisterlichkeit tägliche Praxis und nicht bloß eine Idee ist."* Damit dies geschehen kann, müssen wir unsere duale Natur als menschliches Tier anerkennen, so meine ich. Wir müssen auf unsere Tierseele eingehen und vor allem zur Erkenntnis unserer göttlichen Seele als unserer wahren Seele und Trägerin des göttlichen Schöpferfunkens gelangen. Zu guter Letzt müssen wir wissen, dass wir hier eine Aufgabe haben – die Umwandlung der Lebenskraft zu immer höherem Bewusstsein – und zwar nicht nur als Einzelne, sondern als Angehörige der großen Geschwisterschaft allen Lebens.

Im Buch *Group Consciousness* sagt White Eagle:

„Viele Lebensformen schauen auf euch, auf eurer Leben, damit ihr ihnen helft, sogar wenn ihr selbst auf das Licht schaut, das in der Ferne erstrahlt. Gott hilft euch, ihr helft den niederen Lebensformen. Natur- und Tierwelt blicken zur Menschenwelt um Hilfe auf dem Evolutionsweg, während ihr euren Blick auf die Engelwelt richtet. Deshalb geben wir euch zum Schluss diese Gedanken ein. Ihr habt Verantwortung

* The Animal Kingdom, S. 71, 3, 10.

für diese niederen Welten; mit jedem Gedanken der Liebe und der Weisheit, den ihr ausstrahlt, helft ihr einer jüngeren, vielleicht winzigen Lebensform hinauf zum Licht."

Diese Verantwortung haben wir nicht nur gegenüber den niederen Welten, sondern auch gegenüber der Menschenwelt und darüber hinaus, denn, wie White Eagle an anderer Stelle sagt:

„Wir lenken eure Aufmerksamkeit insbesondere auf die Beendigung jeglicher Grausamkeit gegenüber der Tierwelt, denn solange der Mensch nicht gelernt hat, die Tierwelt mit Liebe zu behandeln, muss er selbst in seiner Entwicklung gehemmt bleiben. Denkt daran und handelt endgültig in Liebe und Geschwisterlichkeit."

Epilog

Ich möchte dieses Buch so beenden, wie es begonnen hat, mit einem persönlichen Erlebnis. Gerade als ich an den letzten Seiten des ersten Entwurfs zu diesem Buch schrieb, verschied unser Whippet Oliver ganz plötzlich mit nur sechseinhalb Jahren.

Es war ein wunderschöner sonniger Tag, der erste nach einem lausigen Winter mit endlosem Regen, Sturm und Überschwemmungen, wie er für Cumbria typisch ist. Während meiner Morgenmeditation hatte ich das deutliche Empfinden einer tierischen Gruppenseele. Ich habe sie nicht in einer bestimmten Tiergestalt wahrgenommen, eher in der symbolischen Form eines umgekehrten Dreiecks, aber das Gefühl war eindeutig. Anschließend ging ich in mein Arbeitszimmer, da dieses Erlebnis mich zu ein paar zusätzlichen Seiten inspiriert hatte.

Danach war es Zeit für unseren täglichen Spaziergang. Wie immer war Oliver mit Begeisterung dabei. Wir gingen am Strand entlang und genossen den Sonnenschein. Er jagte seinem Ball nach und begrüßte andere Hunde und Menschen, denen wir begegneten. Als wir fast schon wieder an der Stelle angelangt waren, wo wir durch die Dünen zurück zum Auto gehen, kam sein Herumtoben abrupt zum Ende. Ein letztes Mal sprang er nach seinem Ball, und bei der Landung gab sein linkes Vorderbein nach. Er rollte auf den Rücken, strampelte mit den Beinen und versuchte, wieder auf die Pfoten zu kommen, schaffte es aber nicht. Ich war nur etwa zehn Meter entfernt, und weil ich wusste, dass etwas nicht stimmte, rannte ich zu ihm hin. Inzwischen lag er auf der Seite. Ich legte meine Hände auf seinen Körper – genau wie Stephanie, die auch dabei war – und sagte: „Ich glaube, er stirbt."

Wir konnten ihn nur trösten: „Es ist alles gut, Oliver. Es ist alles gut." Ich sah, wie der Ausdruck aus seinen Augen wich, sein Körper holte noch zweimal tief Luft, erschauerte, und dann war alles still. Er war gegangen. Es hatte nicht einmal eine halbe Minute gedauert. Vermutlich ein schwerer Herzinfarkt.

Mir scheint, die Engel haben alles sehr gut eingerichtet, denn kaum, dass er verschieden war, kam ein Mann vorbei, mit dem ich schon mehrfach gesprochen hatte und der Oliver kannte. Ich sagte ihm, Oliver sei gestorben, und ohne ein Wort hob er ihn auf und trug ihn zu meinem Wagen. Wir nahmen ihn mit nach Hause, und am Abend kam unser Freund, der Züchter von Olivers biologischem Vater, und bot an, ihn am nächsten Morgen an eine geheime Stelle in den Dünen zu bringen, wo auch seine Whippets begraben liegen.

Bevor Oliver weggebracht wurde, zündeten wir eine Kerze an und hielten seine Seele im Licht. Wir spürten ganz deutlich, dass seine Seele von seinen Engeln umsorgt wurde. Dies alles war eingebettet in das allerschönste Gefühl der Liebe.

Was für eine Art zu gehen! Er war in die nächste Welt gesprungen, wahrscheinlich ohne überhaupt zu merken, was mit seinem Körper geschah, bei seiner Lieblingsbeschäftigung und in Gegenwart der Menschen, die er am meisten auf der Welt liebte. Jetzt liegt sein Körper bei seinen Vorfahren mit Blick über die Irische See, während er in vollen Zügen das Leben in der geistigen Welt genießt und zugleich nie fern von seinen geliebten menschlichen Gefährten ist.

Als wir ein paar Wochen später wieder dort spazieren gingen, wo wir immer mit ihm gewesen waren, spürten wir ganz deutlich seine Gegenwart und sprachen darüber, wie viel wir von ihm gelernt hatten und was er uns geschenkt hatte, sogar mit seinem Tod – der uns tatsächlich dazu gebracht hat, im Hinblick auf unsere Zukunft eine lebensverändernde Entscheidung zu treffen. Plötzlich schauten wir nach unten, und unser Blick fiel auf einen runden, flachen Stein in Olivers Farben – beige und anthrazit. Auf den ersten Blick sah er wie ein „Smiley" aus, drehte man ihn aber um, entstand eine klar umrissene Silhouette in der Art eines Zen-Meisters. Auf der anderen Seite befand sich ein weißes Kreuz, das bei näherer Betrachtung einem fliegenden Vogel ähnelte.

Sehr häufig werden uns Symbole „geschenkt", die unser Verhalten und unsere Entscheidungen in schwierigen Situationen bestätigen. Mit der Gestalt des Vogels, der aus dem Opferkreuz hervortritt, spricht dieser Stein für mich von der Auferstehung. Die Vorderseite sagt mir, dass alle diese Erfahrungen Lebenslektionen sind, die vom Meister oder unserem höheren Selbst gelenkt und arrangiert werden. Und das Lächeln besagt, dass alles gut ist.

Auch wenn Olivers Tod verfrüht wirkte, kam er rückblickend betrachtet doch genau zum richtigen Zeitpunkt – für das, was wir lernen durften, und, soweit wir wissen, auch für Oliver. Darüber hinaus wurde er mit einem völlig nahtlosen, glücklichen Abschied gesegnet.

White Eagle versichert uns, dass es für unsere Haustiere keine Rolle spielt, wo wir sind, weil unsere Nacht für sie zum Tag und unser Tag für sie zur Nacht wird. Im Schlaf bleiben wir also beisammen, und wie White Eagle sagt: „In vollkommener Liebe kann es keine Trennung geben."

Anmerkungen zu den erwähnten spirituellen Lehrerinnen und Lehrern

Grace Cooke (1892-1979) und White Eagle

White Eagle ist ein spiritueller Lehrer, der durch das angesehene Medium Grace Cook sprach und ihr zum ersten Mal in der Kindheit erschien.

1931 reiste Grace Cooke von London in die französischen Pyrenäen und begegnete dort einem „strahlenden Wesen", das offenbar aus der „Sphäre des Apostels Johannes" kam. Die Begegnung mit diesem Meister löste bei ihr eine dauerhafte Bewusstseinsveränderung aus und leitete in ihrer spirituellen Arbeit eine neue Phase ein, nämlich die Gründung der White Eagle Loge im Jahr 1936, zusammen mit ihrem Mann Ivan Cooke und unter der engen Führung von White Eagle. 1945 veranlasste White Eagle die beiden außerdem zum Kauf eines Anwesens im englischen Hampshire, das zu einem Ort der Einkehr und zum Zentrum ihrer weltweiten Arbeit werden sollte.

White Eagle ist, so heißt es, ein Vertreter der uralten Bruderschaft vom Lichtkreuz im Lichtkreis, und er bezeichnet sich auch selbst als Sprecher einer großen Gruppe strahlender Wesen – die zuweilen die *Sternenbruderschaft* genannt wird. Der Name White Eagle bedeutet bei den nordamerikanischen Ureinwohnern „jemand mit geistiger Weitsicht", ist aber auch mit dem Lieblingsjünger Johannes verbunden, dem Lehrer für das Wassermann-Zeitalter.

White Eagle lehrt, dass Gott zugleich Vater (göttliche Energie) und Mutter (Schöpferkraft und allumfassende Liebe) sowie auch Sohn ist, das Christuslicht, das im Herzen eines jeden Menschen strahlt.

White Eagles Werk besteht heute darin, die Menschen beim Erwachen zu ihrer eigenen inneren Führung, ihrer Intuition, die das innere Licht des Geistes ist, zu unterstützen sowie in allen Lebensbereichen auf Liebe und Harmonie hinzuarbeiten.

Inzwischen hat die White Eagle Loge Gruppen, Zentren und Logen in aller Welt. Hier werden die Mitglieder ermutigt, Geschwisterlichkeit zu leben, was Geschwisterlichkeit mit der Tierwelt einschließt. Durch White Eagle lehrt die geistige Bruderschaft, wie wichtig Meditation und auch Heilung sind – die Heilung von Menschen, Tieren und der Natur wie auch die Heilung von Staaten. Seine Lehren sind in Form zahlreicher Bücher erhältlich, die von Grace Cooke gechannelt wurden und von der White Eagle Loge herausgegeben werden.

Nähere Informationen bei:
White Eagle Centre Deutschland e.V.
Schraystrasse 2 | 82110 Germering
Tel.: 089 / 841 77 90 | Fax: 089 / 840 060 38
Montag bis Freitag: 8.30 - 11.30 Uhr
www.whiteeagle.de
info@whiteeagle.de

White Eagle Stern-Zentrum Schweiz
Beatrice Bertolami Moserstrasse 25 | CH-3421 Lyssach BE
Tel: 034 402 36 36
mail@whiteagle.ch
www.whiteagle.ch
Telefondienst:
Montag 15.00 bis 17.00 Uhr
Mittwoch 17.00 bis 19.00 Uhr
Außerhalb dieser Zeiten kann der Anrufbeantworter benutzt werden. E-Mails werden täglich angesehen und beantwortet.

Charles A. Simpson (1882-1958) und Dr. Lascelles

Charles A. Simpson (Spitzname Simmie) stammte aus einfachen Verhältnissen, war von Beruf Ingenieur und hielt in jungen Jahren Patente auf mehrere Erfindungen. Seine Abenteuerlust trieb ihn 1907 zur Auswanderung nach Neuseeland, wo er für die Universität Christchurch arbeitete. Noch im selben Jahr folgte ihm seine Verlobte nach; sie heirateten und bekamen vier Kinder.

Leider erkrankte seine Frau unheilbar. Doch dies sollte der Beginn seines spirituellen Weges werden. Im Gegensatz zu seiner Frau war er kein religiöser Mensch, doch an ihrem Bett betete er inständig zu Gott um Hilfe. Beschämt glaubte er einmal, er sei eingeschlafen. Seine Frau sagte ihm jedoch, er habe zu ihr gesprochen und sich dabei Dr. Lascelles genannt. Von diesem Moment an lebte sie noch drei Monate und hatte keinerlei Schmerzen mehr.

Nach seiner Rückkehr nach England arbeitete Simmie erst sehr viel später, nach vielen Entbehrungen, Widrigkeiten und einer eigenen Erkrankung sowie zunächst gegen den vehementen Widerstand seiner zweiten Frau, wieder mit dem Geist, der sich Dr. Lascelles nannte. Schließlich ging er mit zu einer englischen Kirche und bot sich dort als Heiler unter der Führung von Dr. Lascelles an. Dieser erklärte, er sei im letzten Leben Arzt gewesen, habe es aber versäumt, Mitgefühl, Liebe und den Dienst am Nächsten zu lernen. Jetzt komme er durch sein Medium als Geistführer und Heiler wieder, um zurechtzurücken, was er in jenem früheren Leben falsch gemacht habe.

Im Laufe der Jahre hielt Simmie Sitzungen für Tausende von Menschen ab, schenkte ihnen Anleitung und Weisheit und vermochte auch, Einblick in die Akasha-Chronik zu nehmen. Entsprechend den Informationen, die er erhielt, stellte er Diagnosen und verschrieb Behandlungen. Allerdings hatte er Anweisung, nicht als medialer Wahrsager zu arbeiten, sondern als Quell göttlicher Liebe, Führung und Heilung.

Auf Anregung von Dr. Lascelles richtete das Ehepaar schließlich Gebetskreise ein, wo für Menschen in Not gebetet wurde, und erwarb 1925 ein Haus in London. 1932 wurden die „Seekers", wie sie sich nannten, aufgefordert, sich ein Anwesen auf dem Land zu suchen. Sie fanden Addington Park, das heute von gut 150 Hektar Land umgeben ist. Wie durch ein Wunder kam das notwendige Geld zusammen, und heute befindet sich dort eine blühende Gemeinschaft, die sich der Heilung widmet – sowohl per Fernheilung als auch durch Handauflegen. Es gibt Säle, die für Workshops gemietet werden können, sowie Vorträge an einem Ort, den Augustinus vor vielen hundert Jahren besucht und zu einer „Stätte des Lichts, einem Ort, an dem Himmel und Erde einander begegnen", erklärt haben soll. Ein passendes Vermächtnis für einen Menschen, der sein Leben dem Motto „Liebe und Dienen" gewidmet hat.

Nähere Informationen (nur auf Englisch) bei:
The Seekers Trust
The Close
Addington
West Malling, Kent | ME19 5BL
Tel.: +44 (0)1732 84 3589
www.theseekerstrust.org.uk
info@theseekerstrust.co.uk

Alice A. Bailey (1880-1949)
und der Meister Djwhal Khul

Alice A. Bailey wuchs in einer konservativen britischen Familie auf. Dennoch führte sie ein Leben mit vielen Höhen und Tiefen. Dramatische Erlebnisse ließen in ihr das Verständnis und die Überzeugung reifen, dass eine einheitliche göttliche Lebenskraft durch die Menschen wirkt und sie beseelt. Außerdem glaubte sie, es gebe einen inneren Rat, eine geistige Hierarche, die für den Fortschritt der Menschheit und der Erde arbeite und die Mitarbeit ausgebildeter, engagierter Leute brauche, um den Plan für die Menschheit ausführen zu können. Mit diesem Verständnis widmete sie ihr Leben und ihre Seele dem Werk ihres Meisters.

Ihr Lebenswerk bestand aus zwei Teilen: Ein Teil war die Gründung einer esoterischen Schule, und der zweite Teil war, dass sie als Instrument für den allgemein als „der Tibeter" bekannten Meister Djwhal Khul (oder DK) eine Reihe von Büchern schrieb, die eine Bestätigung der alten Weisheitslehre für ihre Zeit und die unmittelbare Zukunft offenbaren sollten.

Der Meister sagte über sich selbst: „Ich bin ein tibetischer Schüler eines bestimmten Grades, und dies besagt nur sehr wenig, denn alle sind Schüler, vom bescheidensten Anwärter bis zu Christus selbst und darüber hinaus." Auch andere Mysterientraditionen kennen Meister DK als Sprecher der Geistigen Hierarchie.

Widerwillig ließ sich Alice A. Bailey schließlich darauf ein, ihre Autobiografie zu schreiben. Zwar konnte sie das Buch vor ihrem Tod nicht mehr ganz fertigstellen, aber es enthält genügend Stoff, um die einzelnen Stufen ihrer Lebensreise zu zeigen.

Nähere Informationen über Alice A. Baileys Lehren und ihre esoterische Schule (auf Deutsch, Französisch, Italienisch, Spanisch, Russisch und Holländisch) sind erhältlich beim:

Lucis Trust
Rue du Stand 40 | Case Postale 5323
CH-1211 Genève 11
Tel: +41 (22) 734-1252
www.lucistrust.org/de/
geneva@lucistrust.org

Rudolf Steiner (1861-1925)

Rudolf Steiner wurde in Nieder Kraliewitz im damaligen Königreich Ungarn, heute Kroatien, geboren. Seine Eltern waren Österreicher. Mit acht Jahren war er hellsichtig, und mit neunzehn erhielt er eine Einweihung von jemandem, den er „Der Meister" nannte und dessen Identität nie offengelegt wurde. Von ihm erfuhr Steiner, es sei seine Lebensaufgabe, ein Wissen zu entwickeln, das Wissenschaft und Religion miteinander in Einklang brächte.

Er studierte Mathematik und Naturwissenschaften sowie Philosophie und wurde 1891 an der Universität Rostock promoviert.

Im Alter von vierzig Jahren begann er schließlich, öffentliche esoterische Vorträge zu halten. Er sprach aus seiner unmittelbaren Wahrnehmung spiritueller Erfahrungen und behauptete, in der Akasha-Chronik lesen zu können, aus der er das wahre Wesen der menschlichen Evolution erfahren habe.

Er war führendes Mitglied der Theosophischen Gesellschaft, verließ diese aber 1913 und gründete die Anthroposophische Gesellschaft. Anthroposophie definierte er als das „Wissen des Geistesmenschen".

In den letzten Jahren seines Lebens reiste Steiner durch ganz Europa und hielt über sechstausend Vorträge. Das Themenspektrum umfasste Gebiete wie Landwirtschaft, Medizin, Wirtschaft, Architektur, Naturwissenschaft, Philosophie und Kunst. Sein bekanntestes Erbe ist wohl sein Beitrag zur Bildung in Gestalt der Waldorfschul-Bewegung sowie der Heilpädagogik für Kinder mit körperlichen und/oder geistigen Behinderungen („seelenpflegebedürftige Kinder“).

Nähere Informationen bei
Rudolf Steiner Gesellschaft e.V.
zur Förderung Spiritueller Wissenschaft
für die Freiheit der Menschen
Poststr. 30 | D-83435 Bad Reichenhall
Tel.: 08656 / 989 2437
Mobil: 0172 / 9767579
www.rudolf-steiner-gesellschaft.de
info@rudolf-steiner-gesellschaft.de

Flower A. Newhouse (1909-1994)

Die christliche Mystikerin Flower A. Newhouse wurde in Pennsylvania geboren und sah aufgrund ihrer hellseherischen Begabung ab einem Alter von sechs Jahren Engel und Naturwesen. Sie erkannte jedoch bald, dass andere nicht sehen konnten, was sie sah, und lernte, mit welchen Menschen sie über ihre Gabe sprechen konnte. In den ersten Jahren an der Highschool öffneten sich die Schleusen zu den inneren Welten, und Lehrer wie Mitschülerinnen staunten über ihre Erkenntnisse und ihre Weisheit. Schon bald wurde sie eingeladen, in den gesamten USA in verschiedenen Zentren und Kirchen Vorträge zu halten.

Mit Anfang zwanzig veröffentlichte sie ihr erstes Buch über ihre Erlebnisse mit der Engelwelt, *Natives of Eternity.* Viele weitere sollten folgen. Ihre Bücher und Vorträge haben zum Ziel, die Menschheit wieder an die Realität des lebendigen Christus, die inneren Welten und die Engelwelt heranzuführen.

1940 gründete sie mit ihrem Mann Lawrence in den Hügeln von Escondido in Südkalifornien das *Questhaven Retreat*. Es wurde zur Ausgangsbasis ihres Wirkens und ist bis heute ein florierendes spirituelles Zentrum, in dem Gottesdienste, Workshops und Wochenend-Retreats abgehalten werden.

Das berühmte Trance-Medium Edgar Cayce sagte über sie: „Flower war eine der besten Expertinnen für Engel und ein ausgezeichneter Channel."

Nähere Informationen (nur auf Englisch) bei:
Questhaven Retreat
20560 Questhaven Road | Escondido, CA 92029 | USA
Tel.: ++1 760 744 1500
www.questhaven.org
office@questhaven.org

Quellen

Bailey, Alice und der tibetische Meister Djwhal Khul; ***The Animal Kingdom: A Spiritual Perspective***, Lucis Press 2005.

Bender, Linda; ***Animal Wisdom***, North Atlantic Books 2014.

Bowen, James; ***A Street Cat Named Bob***, Hodder & Stoughton 2012; deutsch: ***Bob, der Streuner: Die Katze, die mein Leben veränderte***, aus dem Englischen von Ursula Mensah, Bastei Lübbe 2013.

Breytenbach, Anna; ***The Animal Communicator***, NHV Africa, DVD; erhältlich bei johnhomewood.net/product/animal-communicator-dvd-with-anna-breytenbach/ (internationaler Versand). Ein dreizehnminütiger Ausschnitt ist hier einzusehen: youtube.com/watch?v=gvwHHMEDdT0.

Carr-Gomm, Philip und Stephanie; ***The Druid Animal Oracle***, Connections Book Publishing Ltd.1996; deutsch: ***Das keltische Tierorakel***, (Übers. ungenannt) Aurum 1998.

Carter-Johnson, Arabella; ***Iris Grace***, Penguin Random House 2016; deutsch: ***Iris Grace: Bilder malen tausend Worte: die Geschichte meiner autistischen Tochter***, aus dem Englischen von Bernhard Josef, Bastei-Lübbe 2016 sowie ***Iris und Thula: Die Katze, die unsere Familie rettete***, Lizenzausgabe bei Weltbild 2020.

Cooper, Diana und Whild, Tim; ***The Archangel Guide to Ascension***, Hay House UK Ltd 2015; deutsch: ***Die Erzengel - deine mächtigen Helfer: himmlische Anleitung für ein Leben in Licht und Liebe***, aus dem Englischen von Manfred Miethe, Ansata 2015.

Cooper, J. C.; ***Symbolic and Mythological Animals***, The Aquarian Press 1992.

Cori, Patricia; ***Before We Leave You***, North Atlanic Books 2011; deutsch: ***Bevor wir euch verlassen: Botschaften der Wale und Delfine an die Menschen***, aus dem Amerikanischen von Sarah Heidelberger, Amra 2013.

Dieterici, Friedrich (Übers. und Hrsg.); ***Der Streit zwischen Thier und Mensch (ein arabisches Märchen aus den Schriften der Lauteren Brüder [Rasā'il Ikhwān aṣ-Ṣafā'],*** Mittler Verlag, Berlin 1858. Siehe auch: Kaufmann, Matthew (Hrsg.), ***The Animal's Lawsuit Against Humanity.***

Farmer, Steven D.; ***Power Animals***, Hay House UK Ltd, 2004; deutsch: ***Krafttiere: die Verbindung zu deinem Geistführer aus der Tierwelt***, aus dem Englischen von Nayoma de Haën, Koha 2007.

Grandin, Temple; ***Thinking in Pictures***, Bloomsbury Publishing Plc., 2. Auflage 2016; deutsch: ***Ich bin die Anthropologin auf dem Mars: mein Leben als Autistin***, aus dem Amerikanischen von Stefan Gebauer, Knaur 1997.

Heyhoe, Dave (mit Damien Lewis); ***It's All About Treo***, Quercus 2012.

Hodson, Geoffrey; ***The Kingdom of the Gods***, The Theosophical Publishing House 1952 (Nachdruck 2007); deutsch: ***Die Engel und die Entwicklung des Lebens***, aus dem Englischen von Astrid Ogbeiwi, Illustrationen von Ethelwynne M. Quail, Aquamarin Verlag 2004.

Kaufmann, Matthew (Hrsg.; ins Englische übersetzt und bearbeitet von Rabbi Ansar Laytner und Rabbi Dam Bridge); ***The Animal's Lawsuit Against Humanity***, Fons Vitae 2005; deutsch: ***Der Streit zwischen Thier und Mensch (ein arabisches Märchen aus den Schriften der Lauteren Brüder [Rasā'il Ikhwān aṣ-Ṣafā'], übersetzt und herausgegeben von Friedrich Dieterici***, Mittler Verlag, Berlin 1858.

King, Jani; ***The P'taah Tapes: An Act of Faith***, Triad Publishers, USA, Inc. 1994; deutsch: ***Botschaften des Lichts: P'taah spricht über persönliche Transformation und die kosmische Bestimmung des Menschen***, aus dem Englischen von Sonja Göschel Hunziker, Ansata 1997.

Mason, Otis Tufton; ***Woman's Share in Primitive Culture***, D. Appleton (reprint) 1922; als Nachdruck der Ausgabe von 1894 erschienen bei Hansebooks 2019.

Millan, Cesar (mit Melissa Jo Peltier); ***Cesar's Way***, Hodder & Stoughton 2006; deutsch: ***Tipps vom Hundeflüsterer: einfache Maßnahmen für die gelungene Beziehung zwischen Mensch und Hund***, aus dem Englischen von Andrea Panster, Goldmann 2007.

Moorjani, Anita; ***Dying to be Me***, Hay House 2012; deutsch: ***Heilung im Licht: Wie ich durch eine Nahtoderfahrung den Krebs besiegte und neu geboren wurde***, aus dem Englischen von Susanne Kahn-Ackermann, Arkana 2012. (Das in Kapitel Vier verwendete Zitat stammt von Seite 195.)

Newhouse, Flower A.; ***Touched by Angels***, Bluestar Communications 1998.
The Kingdom of the Shining Ones, Christward Ministry 1955; deutsch: ***Lichtwesen***, aus dem Amerikanischen von Petra Michel, Aquamarin Verlag 1984.

Rodegast, Pat und Stanton, Judith; ***Emmanuel's Book***, Bantam 1987; deutsch: ***Emanuels Buch: in Harmonie mit dem Kosmos leben***, aus dem Amerikanischen von Rita Höner. Illustrationen von Roland Rodegast, Droemer Knaur 1992.

Sams, Jamie und Carson, David; ***Medicine Cards***, Bear & Company 1988; deutsch: ***Karten der Kraft: eine schamanische Einweihung in die „Medizin" der Krafttiere,*** Illustrationen von Angela C. Werneke, aus dem Englischen von Michael Gagern, Windpferd, 16. Auflage 2010.

Schötz, Susanne; ***Die geheime Sprache der Katzen***, Ecowin 2017; die Autorin zitiert aus der englischen Übersetzung (Ü: Peter Kuras) ***The Secret Language of Cats***, HarperCollins 2018.

Scientific American; Sonderausgabe über Tiere, Vol 24 Nr. 3, Herbst 2015. Relevante Artikel in deutscher Übersetzung sind enthalten in ***Gehirn & Geist*** 12/2016, z.B. https://www.spektrum.de/news/warum-wir-haustiere-lieben/1427923.

Sheldrake, Rupert; ***Dogs That Know When Their Owners Are Coming Home***, Arron Books 2000; deutsch: ***Der siebte Sinn der Tiere: Warum eine Katze weiß, wann Sie nach Hause kommen, und andere bisher unerklärte Fähigkeiten der Tiere***, aus dem Englischen von Michael Schmidt, Scherz 1999. (Das in Kapitel Fünf verwendete Zitat steht in der Fischer-Taschenbuchausgabe von 2007 auf Seite 165.)

Simpson, C. A. (zusammengestellt und hrsg. von Stanley King); ***A Pilgrimage With the Animals***, The Seekers Trust 1982.

Steiner, Rudolf; „Die Gruppenseelen der Minerale, Pflanzen und Tiere", Vortrag vom 2. Februar 1908 in Frankfurt, Nachschrift einzusehen unter http://steiner-klartext.net/pdfs/19080202a-03-01.pdf, zuletzt abgerufen am 18.1.2021. In abweichender Form veröffentlicht in Band 98 der Gesamtausgabe, ***Natur- und Geistwesen, ihr Wirken in unserer sichtbaren Welt: 18 Vorträge, gehalten in verschiedenen Städten zwischen dem 5. November 1907 und dem 14. Juni 1908***. Nach vom Vortragenden nicht durchgesehenen Nachschriften und Notizen hrsg. von der Rudolf-Steiner-Nachlassverwaltung. Die Hrsg. besorgte Hendrik Knobel, Rudolf-Steiner-Verlag 1983.

Tucker, Linda; ***Mystery of the White Lions***, Hay House 2001; deutsch: ***Die Löwenfrau: das Geheimnis der weißen Löwen***, aus dem Amerikanischen von Sabina Troger und Vincento Benestante, Allegria 2010.

White Eagle; die Lehren werden vom White Eagle Publishing Trust in Liss, Hampshire, veröffentlicht. Unter anderem

Group Consciousness, 2016.

The Light Bringer, 2001; deutsch: ***Die Meister als Boten des Lichtes: das Bewusstsein einer neuen Zeit***, aus dem Englischen von Edith Zorn, Aquamarin Verlag 2003.

Walking with the Angels, 1998; deutsch: ***Das White-Eagle-Engel-Buch***, aus dem Englischen von Edith Zorn, Aquamarin Verlag 2000.

Stella Polaris (Zweimonatszeitschrift) October/November 1960; June/July 1962; February/March 1983; June/July 1995; February/March 2016. Die deutsche Ausgabe des Magazins ***Stella Polaris*** wurde mit der Nummer IV/2009 eingestellt. Welche deutschen Ausgaben den genannten englischen entsprechen, ließ sich nicht feststellen (Anm. d. Ü.).

Young, Rosamund; *The Secret Life of Cows*, Faber & Faber Limited 2017; deutsch: ***Das geheime Leben der Kühe***, aus dem Englischen von Werner Löcher-Lawrence, btb Verlag 2018.

Literaturempfehlungen

Andrews, Ted; ***Animal Speak***; Llewellyn Publications 1993; deutsch: ***Animal Speak, Krafttiere in Deinem Leben***, aus dem Englischen von Eluan Ghazal, edition tieger im Autorenhaus Verlag 2016 (Erstausgabe: ***Die Botschaft der Krafttiere: was die Geschöpfe uns zu sagen haben***, aus dem Englischen von Eluan Ghazal, Bastei-Lübbe 2000).

Anthony, Lawrence (mit Graham Spence); ***The Elephant Whisperer***, Pan Books 2007; deutsch: ***Der Elefantenflüsterer: mein Leben mit den sanften Riesen und was sie mir beibrachten***, aus dem Englischen von Kimiko Leibnitz, mvg Verlag 2010.

Carter, Rita; ***Mapping the Mind***, Phoenix 1998; deutsch: ***Gehirn und Geist: eine Entdeckungsreise ins Innere unserer Köpfe***, aus dem Englischen von Monika Niehaus, Spektrum Akademischer Verlag 2011 (Erstausgabe: ***Atlas Gehirn: Entdeckungsreisen durch unser Unterbewußtsein***, aus dem Englischen von Hartmut Schickert, Schneekluth 1999).

Grandin, Temple und Johnson, Catherine; ***Animals Make Us Human***, Mariner Books 2010.

Horseley, Pea; ***Animal Communication Made Easy***, Hay House UK Ltd. 2017.

Sorrell, Stephanie; ***Nature as Mirror***, O Books 2011.

White Eagle, ***Earth Healer***, White Eagle Publishing Trust 2010; deutsch: ***Heilung für die Erde: stelle deine Spiritualität in den Dienst des Planeten***, aus dem Englischen von Rotraut Ganser, Stella Polaris Verlag 2011.

– ***Spiritual Unfoldment 2***, White Eagle Publishing Trust 1968; deutsch: ***Naturgeister und Engel: das verborgene Leben der Naturgeister und Engelwesen und deren Zusammenarbeit mit***

den Menschen, aus dem Englischen von Walter Ohr, Aquamarin Verlag 1981.

- ***Spiritual Unfoldment 3***, White Eagle Publishing Trust 1987; deutsch: ***Der Weg zum höheren Selbst***, aus dem Englischen von Edith und Walter Ohr, Aquamarin Verlag 5. Auflage 2000.
- ***The Light Bringer***, White Eagle Publishing Trust 2001; deutsch: ***Die Meister als Boten des Lichtes: das Bewusstsein einer neuen Zeit***, aus dem Englischen von Edith Zorn, Aquamarin Verlag 2003.

Danksagungen

Meinen herzlichsten Dank an alle, die auf ihre je unterschiedliche Weise zu diesem Buch beigetragen haben, angefangen mit einem großen Dankeschön an Polair Publishing und meinen Lektor Colum Hayward dafür, dass Sie an dieses Buch geglaubt haben – für Ihren fachlichen Rat, Ihr sorgfältiges Lektorat und Ihre hilfreichen Vorschläge. Danke, dass Sie bei diesem Projekt eine „verlässliche Größe" waren!

Dankbar bin ich Jenny Dent, der Leiterin der White Eagle Loge, für ihre Unterstützung und für ihr wunderbares Vorwort.

Ohne die Großzügigkeit folgender Personen wäre dieses Buch nicht möglich gewesen:

– Die White Eagle Loge hat mir gestattet, Zitate aus White Eagles veröffentlichten und unveröffentlichten Schriften zu verwenden. Ihr wart mehr als großzügig. Ein besonderer Dank geht an Anna Hayward.

– Kathy Searle vom Seekers Trust gewährte mir die Freiheit, die Lehren zu verwenden, die Dr. Lascelles durch ihren Großvater Charles A. Simpson als sein Medium übermittelt hat und die in *Pilgrimage With the Animals* niedergelegt sind. Ihre Unterstützung war herzerwärmend.

– Christward Ministry am Questhaven Retreat in Kalifornien hat mir die Erlaubnis erteilt, die Lehren der begnadeten Mystikerin Flower A. Newhouse aus *The Kingdom of the Shi-*

ning Ones (dt. *Lichtwesen*) zu zitieren und zu paraphrasieren. Danke ebenso für die positive Ermutigung.

– Besonderer Dank geht an Lucis Press für die Erlaubnis zum Zitieren und Paraphrasieren der Lehren des Tibeters (des Meisters DK) in Alice Baileys Buch *The Animal Kingdom: A Spiritual Perspective.*

– Fons Vitae Publishing. Ihre rasche Antwort auf meine Anfrage zum Zitieren und Paraphrasieren aus dem Buch *The Animals' Lawsuit Against Humanity* war sehr ermutigend. Danke sehr!

– Dem Rudolf Steiner Archiv in der Schweiz. Ich bin dankbar für die Erlaubnis, aus Rudolf Steiners wichtigem Vortrag „Die Gruppenseelen der Minerale, Pflanzen und Tiere" in der englischen Übersetzung von V. E. Watkin zitieren zu dürfen.

– Das Theosophical Publishing House in Adyar, Indien, hat mir die Erlaubnis erteilt, aus Geoffrey Hodsons Klassiker *The Kingdom of the Gods* (dt.: *Die Engel und die Entwicklung des Lebens*) zu zitieren.

– North Atlantik Books bin ich dankbar für die Erlaubnis, aus Patricia Coris *Before We Leave You* (dt. *Bevor wir euch verlassen*) zu zitieren.

Auch meiner Freundin Laila Wold möchte ich für ihre Hilfe bei der Internet-Recherche meinen Dank aussprechen. Danke für deine Unterstützung und stete Ermunterung.

Mein Dank geht an meine Freundin Jane Sorbi, Leiterin der White Eagle Loge of the Americas. Dein spontaner Glaube an die Idee hinter diesem Buch und deine Unterstützung dafür haben mich die ganze Zeit getragen. Danke außerdem dafür, dass ich mit dem Material im St. John's Retreat Center in Texas arbeiten durfte.

Meine Ehrerbietung möchte ich auch meiner lieben Mentorin und meinem langjährigen Vorbild Ylana Hayward erweisen, der verstorbenen „Großmutter“ der White Eagle Loge. Ein Buch über Tiere war eine Idee, die du im Herzen getragen hast. Ich hoffe, das vorliegende gefällt dir. Danke für all deine Liebe und Inspiration in diesem Leben und darüber hinaus.

Ich werde ewig in der Schuld meines Lehrers White Eagle stehen, der mich nach HAUSE gebracht hat. ... Deine Lehre ist der Grundpfeiler für alles, was ich tue.

Vor allem aber geht mein Dank an die Tierwelt und alle meine wunderbaren pelzigen Gefährtinnen und Gefährten, deren Loyalität, Weisheit und Hingabe den Kern dieses Buches bilden. Nicht zu vergessen unsere neuen Jungs: der weise Merlin (Tierheim-Kater) und unser fröhlicher, hübscher junger Whippet Kai. Mit euch ist jeder Tag voller Wunder und Freude!

Und an BÄR, den Geisthüter dieses Buches.

Zu guter Letzt ein großes Dankeschön aus tiefstem Herzen an meine Seelenpartnerin Stephanie Sorrell. Ohne dich läge dieses Buch immer noch als handschriftliches Manuskript auf meinem Schreibtisch. Ich weiß, es war sehr viel Arbeit, das Ganze in den Computer einzutippen, und dies zu einer Zeit, als du dich gerade von zwei schweren Operationen erholt hast. Wie immer verleihen deine Gedichte jedem Werk besondere Schönheit und Tiefe. Danke, dass du sie auch meinem verleihst!

Naturgeister und Engel

Flower A. Newhouse
Engel und Devas
Die faszinierende Gesamtdarstellung der Engel-Evolution.
ISBN: 978-3-922936-17-6

White Eagle
Naturgeister und Engel
In den unsichtbaren Reichen des Lebens gibt es vor allem zwei feinstoffliche Lebensformen, die ganz entscheidenden Einfluss auf das menschliche Dasein haben - die Scharen der Engel und der Naturgeister. WHITE EAGLE zeigt mit seiner wunderbaren Weisheit auf, wie die Naturwesen vor allem das Pflanzenreich entfalten und die Schönheit in den „Garten Erde" einziehen lassen. Die majestätischen Engelwesen dagegen wachen nicht nur über dem Schicksal des Einzelnen, sondern sie gestalten die Gesamtentwicklung von Völkern oder gar Planeten.
Ein einzigartiger Blick hinter jenen „Vorhang", der zwei Sphären des Lebens unterteilt, die in Wahrheit nur durch höhere oder niedrigere Schwingungen voneinander getrennt sind!
ISBN: 978-3-89427-822-9

Devas

Flower A. Newhouse
Lichtwesen
Von Kapitel zu Kapitel wird der Leser vertrauter mit den „Engeln im Dienste Christi", mit den persönlichen „Schutzengeln" oder den „Engeln des Karma". Einzigartig auch die Ausführungen über die „Engel der Gnade", deren wunderbares Wirken ein wenig von der unendlichen Liebe Gottes offenbar werden lässt.
Unter der Führung der Engel wirken in allen Lebensbereichen weitere „Lichtwesen", von den schon entwickelten Pflanzendevas, den Sylphen und Elfen, bis hin zu den kleinsten Intelligenzen im Wasser-Element.
In vielen Jahren beobachtete Flower A. Newhouse die Mannigfaltigkeit der großen und kleinen Naturgeister, schaute ihnen zu bei ihrem unermüdlichen Gestalten und Verschönern des großen Erdgartens. Alles in der Umwelt des Menschen erweist sich als belebt, und göttliche Intelligenz wirkt in herrlicher Vielfalt von Formen und Wesen.
Mit freudigem Erstaunen folgt der Leser der Autorin auf ihren Wanderungen durch eine Wunderwelt, die doch nicht fern vom Menschen liegt und deren Wirklichkeit sich ihm mehr und mehr zu erschließen beginnt, indem er selbst zu einem durchlichteten Wesen wird.
ISBN: 978-3-922936-30-5

Wie Menschen und Naturgeister zusammenarbeiten können

Robert Ogilvie Crombie
Der Mann, der mit den Elfen sprach
Wie Menschen und Naturgeister zusammenarbeiten können

Es ist längst kein „frommes Märchen" mehr, dass Naturgeister existieren und bereit sind, mit den Menschen zusammenzuarbeiten, wenn sie zu dieser Zusammenarbeit eingeladen werden. Der legendäre „Findhorn-Garten" hat über viele Jahre auf eindrückliche Weise bewiesen, welche außergewöhnlichen Erfolge beispielsweise auf unwirtlichstem Gelände im Gemüseanbau erzielt werden können, wenn man um die Mithilfe der Naturwesen bittet.
Robert Ogilvie Crombie, nur ROC genannt, war einer der beiden Mittler zwischen den Menschen und den Naturgeistern in Findhorn. Zusammen mit Dorothy Maclean führte er über viele Jahre eine intensive Kommunikation mit dem Reich der Elfen und Devas. Dieses Buch dokumentiert erstmals in deutscher Sprache die einzigartige Verbindung zwischen dem Reich der Menschen und der Welt der Elfen. Ein Werk, das eine neue Ebene der Wirklichkeit erschließt!
ISBN: 978-3-89427-862-5

Von der Unsterblichkeit jüngeren Geschwister

Stefano Apuzzo
Monica D´Ambrosio
Auch Tiere haben Seelen
Von der Unsterblichkeit der Tiere

Sind unsere vierbeinigen Freunde unsterblich und sehen wir sie im Jenseits wieder? Die Autoren dokumentieren anhand einer Fülle von faszinierenden Beiträgen die geistigen Wirkkräfte in den Seelen der Tiere und ihre Bedeutung für den Menschen. Vor allem aber zeigen sie die Aufgaben des Menschen in der Betreuung jener kleinen Mitgeschöpfe auf, die ihm vom Göttlichen Plan in die Obhut gegeben worden sind. Besonders berührend in diesem bewegenden Werk sind die viele Erfahrungsberichte über die Tiere im Jenseits.
ISBN: 978-3-89427-470-2

Madeleine Walker
Wie Tiere Menschen heilen

M. Walkers langjährige Forschungsarbeit hat sie die Überzeugung gewinnen lassen, dass Tiere nicht nur unsterblich sind, sondern ihre Seelen ein bleibendes Band zu Herrchen oder Frauchen knüpfen. Dieses Band führt die Tiere und ihre Menschen nicht nur im Jenseits wieder zusammen, sondern lässt sie auch in neuen Erdenleben wieder zueinander finden.
Das besonders Ungewöhnliche an diesem Phänomen ist dabei für Madeleine Walker der Umstand, dass die Tiere diese neue Bindung suchen, um den mit ihnen verbundenen Menschen in ihren Heilungsprozessen beizustehen!
ISBN: 978-3-89427-623-2